Georg Rendl (1903–1972)
Dichter und Maler
Zum 100. Geburtstag

Monografische Reihe zur Salzburger Kunst · Band 23

# Georg Rendl (1903–1972)
# Dichter und Maler

Zum 100. Geburtstag

Katalog zur Sonderausstellung im
Salzburger Museum
Carolino Augusteum
31. Jänner bis 15. Juni 2003

Herausgegeben vom

salzburger museum
carolino
augusteum

und der

GEORG-RENDL-GESELLSCHAFT

Katalog zur Sonderausstellung des
Salzburger Museums Carolino Augusteum
31. Jänner bis 15. Juni 2003

Ausstellungskurator:
Nikolaus Schaffer

Redaktion und Gestaltung:
Peter Laub

Farb-Fotografien, s/w-Repros und Scans:
Rupert Poschacher

Satz:
Peter Laub

Umschlaggestaltung:
graficde'sign f. pürstinger

Druck:
Druckerei Roser Ges.m.b.H. & Co. KG, Salzburg

Hergestellt unter Mitwirkung von Prof. Alfred Winter
Kulturelle Sonderprojekte des Landes Salzburg

ISBN 3-901014-84-5

© 2003
Salzburger Museum Carolino Augusteum
Museumsplatz 1 · A 5020 Salzburg
und AutorInnen

© der Katalog-Abbildungen liegt
bei den Eigentümern der Werke

Für den Inhalt verantwortlich sind die AutorInnen
Printed in Austria

Die Textauswahl und -edition des literarischen Teils vorliegenden Bandes wurde von der Georg-Rendl-Gesellschaft (Hildemar Holl und Prof. Dr. Arnold Nauwerck) besorgt.

www.smca.at · office@smca.at
www.georg-rendl.at

Abbildung Vorderseite: Georg Rendl: Staufen mit Königskerze, 1967. Kat.-Nr. 115
Abbildung Rückseite: Georg Rendl: Selbstporträt, 1965. Kat.-Nr. 81
Abbildung Frontispiz: Georg Rendl in seinem Haus in St. Georgen / Au, um 1970
Abbildung Vorsatzblätter: Georg Rendl: Schneeschmelze mit Rendlhaus, 1970, Kat.-Nr. 171

Gedruckt mit freundlicher Unterstützung:

Gemeinde St. Georgen

Gemeinde Bürmoos

Gemeinde Zell am See

# Inhalt

| | |
|---|---|
| 7 | Erich Marx: Vorwort |
| 9 | Josef A. Standl: Vorwort |
| 11 | Arnold Nauwerck: Zeittafel zu Georg Rendl |
| 15 | Karl Heinz Ritschel: Bei Georg Rendl zu Gast |
| 19 | **Georg Rendl – Der Maler** |
| 21 | Nikolaus Schaffer: Landschaften zwischen Himmel und Erde |
| 41 | Arnold Nauwerck: Georg Rendl als Maler. Zeugnisse, zusammengestellt aus seinem Nachlass |
| 55 | Hiltrud Oman: Der Werkbestand des Malers Georg Rendl |
| 73 | Die Gemälde Georg Rendls |
| 161 | **Georg Rendl – Der Dichter** |
| 163 | Arnold Nauwerck: Der Salzburger Dichter Georg Rendl. Ein Lebensbild, zusammengestellt aus seinem Nachlass |
| 189 | Wolfgang Bauer: Das literarische Werk von Georg Rendl |
| 195 | Georg Rendl: Der junge Arbeiter erzählt |
| 207 | Georg Rendl: Gedichte |
| 211 | Georg Rendl: Die trunkene Reise |
| 223 | Georg Rendl: Erinnerungen an den Dichter Stefan Zweig |
| 229 | Georg Rendl: Joseph Roth in Salzburg |
| 235 | Autorenverzeichnis |
| 236 | Abbildungsnachweis |
| 237 | Personenregister |

# Vorwort

Oft ist man bei Salzburger Künstlern verleitet daran zu denken, dass „der Prophet im eigenen Land nichts gilt". Dies trifft in gewissem Maße auch auf Georg Rendl zu. Weiß man hier zu Lande wenigstens noch teilweise über sein umfangreiches schriftstellerisches Werk Bescheid, so ist sein malerisches weithin unbekannt. Umso wichtiger ist es, den Maler Georg Rendl anlässlich seines 100. Geburtstages einer breiteren Öffentlichkeit mit einer großen Ausstellung nahe zu bringen. Diese Aufgabe erfüllt das Salzburger Museum Carolino Augusteum sehr gerne, weil wir uns dem Werk Salzburger Künstler des 20. Jahrhunderts besonders verpflichtet fühlen.

Bei Georg Rendl ergab sich die glückliche Fügung, dass eine Gesellschaft, die seinen Namen trägt und sein Andenken pflegt, zur Kooperation mit dem SMCA gerne bereit war. Aus dieser Zusammenarbeit erwuchs die Möglichkeit, nicht nur eine große Ausstellung vorzubereiten, sondern auch das vorliegende Buch über Georg Rendl als Dichter und Maler herauszubringen. Das Land Salzburg hat auf Initiative von Landeshauptmann Dr. Franz Schausberger durch finanzielle Unterstützung dafür gesorgt, dass im Rendl-Jahr 2003 die Gedenkstätten renoviert und eine Reihe von Veranstaltungen durchgeführt werden können.

Für die Ausstellung im Salzburger Museum Carolino Augusteum trägt Kurator Nikolaus Schaffer die Hauptverantwortung. Er hat in seinem Beitrag in der ihm eigenen, unnachahmlichen Weise den Maler Rendl einfühlsam und eindrucksvoll charakterisiert und die Bildauswahl für Ausstellung und Katalog getroffen. Von allergrößtem Wert war die Hilfe durch die Kunsthistorikerin Hiltrud Oman, die mit Akribie die verstreuten Werke Rendls zusammentrug, um ein möglichst vollständiges Werkverzeichnis der Gemälde erstellen zu können, das hier erstmals publiziert wird. Diesen beiden sei besonders gedankt.

Sehr herzlich danken möchte ich aber auch den anderen Autoren. Karl Heinz Ritschel hat seine persönlichen Erinnerungen an den Freund in einem Essay zusammengefasst und führt uns mit seinem literarischen Text näher an den Menschen Georg Rendl heran.

Arnold Nauwerck hat sich in langer Arbeit in das Leben und Werk Rendls vertieft und kann wohl als der beste Rendl-Kenner angesprochen werden. Von seinen umfangreichen Forschungsergebnissen können in diesem Band aus Platzgründen freilich nur Auszüge wiedergegeben werden.

Erfreulicherweise war es noch möglich, einige schwer zugängliche Texte Rendls zu publizieren, wofür ich vor allem Hildemar Holl danke.

Gestaltung und Lektorat für diesen Band bereiteten sehr viel Mühe. Peter Laub hat diese schwirigen Aufgaben kreativ und souverän gelöst, wofür ich ihm besonders herzlich danke, ebenso Rupert Poschacher für das Fotografieren des gesamten zugänglichen malerischen Werkes.

Was würde Georg Rendl selbst wohl dazu sagen, dass wir sein Leben, sein künstlerisches Werk heute so öffentlich präsentieren? Er hätte sicher große Freude damit, auch wenn er es nicht laut artikulieren würde. Sein Begehren zu Lebzeiten war immer, als Künstler nicht in Vergessenheit zu geraten. Wir alle wollten ihm mit der Ausstellung und dem vorliegenden Band diesen Wunsch anlässlich seines 100. Geburtstages erfüllen.

Erich Marx<br>
Direktor des SMCA

# Vorwort

**Ein Moderner der Heimat**

Wer die Arbeit von Georg Rendl einer bestimmten Stilrichtung zuordnen will, wird bald feststellen, dass dies gar nicht so leicht ist. Manche sagen, dies sei nicht möglich. Trotzdem: Die Werke von Rendl spiegeln die Persönlichkeit des Dichters und Malers – oder sollte man sagen des Malers und Dichters? – wider.

Wenn die Gesellschaft stolz ist auf ihre großen Künstler, so wird gerne von „Söhnen der Heimat" gesprochen. Wenn dies auf einen Künstler in Salzburg zutrifft, so auf Georg Rendl. Die Menschen und die Natur dieses Landes haben Rendl geprägt. Geboren in Zell am See, aufgewachsen in der Stadt Salzburg, lebte er sodann nur einen Steinwurf von salzburgischem Boden entfernt am Mondsee, in Bürmoos und schließlich in St. Georgen. All diese geografischen Stationen seines Lebens, inmitten verschiedener Landschaften mit unterschiedlichen Ausprägungen der Gesellschaft, von den studentischen Wegbegleitern in der Stadt über die Arbeiter in Bürmoos bis zu den Bauern in St. Georgen, nahmen Einfluss auf die Werke, die uns der Künstler hinterließ. Sowohl in der Literatur als auch in seinen Gemälden spiegeln sich seine gläubige und sozialkritische Haltung wider, die er mit viel intellektueller Kreativität verarbeitet. Der Stil, mit dem er sich vermittelt, ist aber immer ein eigenwilliger. Rendl ist ein Moderner der Heimat.

Schon bald nach seinem Tode haben Freunde unter der Initiative von Prof. Dr. Karl Heinz Ritschel dafür Sorge getragen, dass das Erbe bewahrt wird. Die vor einigen Jahren gegründete Georg-Rendl-Gesellschaft ist unter tatkräftiger Mithilfe des Landes, des Salzburger Museums Carolino Augusteum und der Gemeinde St. Georgen bemüht, das Andenken zu wahren und aus Anlass der 100. Wiederkehr des Geburtstages von Georg Rendl das umfangreiche Schaffen des Heimatsohnes in der Öffentlichkeit sichtbar zu machen.

Dem Leser dieses Buches und Betrachter der sorgfältig ausgewählten Bilder der Ausstellung wünscht die Georg-Rendl-Gesellschaft, dass er tief in die Welt des Georg Rendl eintauchen und dabei für sich viel gewinnen möge.

Josef A. Standl
Präsident der Georg-Rendl-Gesellschaft

Arnold Nauwerck

# Zeittafel zu Georg Rendl

**Eltern:**
Georg Paul Rendl, Bahnbeamter und Antonia Kleinheinz, beide aus Tirol.

**Geschwister:**
Ludwig, Dr. phil., Hofrat, Landesregierung Salzburg (kinderlos)

Hans, Schlosser, Stahlbaufabrikant, Kommerzialrat (kinderlos, adoptiert später Schwester Antonias Sohn Eduard („Ofenrendl").

Antonia, verheiratet mit Angelus Eduard Waagner von Waagström, Ingenieur-Offizier. Söhne: Wolfgang und Eduard. Antonia später geschieden und in zweiter Ehe verheiratet mit Franz Kolar.

Georg, als jüngstes Kind geboren am 1. Februar 1903 in Zell am See.

**1904**
Umzug der Eltern nach Salzburg. Vater Rendl Gebäudemeister bei der Bahn, Hausbau in Itzling nahe dem Lokalbahnhof. Vater Rendl beginnt mit der Bienenzucht. Sohn Georg ist von Kindesbeinen an vertraut mit der Imkerei.

**1910–1920**
Besuch von Volksschule und Realschule in Salzburg. Rendl ist begeisterter Wandervogel. Er fühlt sich früh zum Dichter berufen und schon in der Realschulzeit schreibt er zahlreiche Theaterstücke und Gedichte.

1918 stellt ihm der Vater einen ausgedienten Waggon der Lokalbahn als „Dichterbude" in den Garten des Itzlinger Hauses. Im „Waggon" veranstaltet Rendl Lese- und Diskussionsabende mit seinen Freunden. Man gibt eine eigene Kulturzeitschrift heraus, „Der blaue Foehn". Einige lebenslange Freundschaften Rendls haben ihren Ursprung im „Waggon" (z.B. mit Josef Kaut, später Landesrat und Präsident der Salzburger Festspiele, Erich Schenk, später Universitätsprofessor für Musikwissenschaften in Wien, Richard Tomaselli, später sehr bekannter Schauspieler, Heinrich Pflanzl, Opernsänger in Breslau, Dresden und Berlin, Wilhelm Kaufmann, später akademischer Maler).

**1920–1924**
1920, zwei Jahre vor der Matura, gibt Rendl die Schule auf. Sein Vater betraut ihn mit der Verwaltung der Bienenfarm, die er inzwischen in Bürmoos eingerichtet hat. Rendl bleibt nun, mit Unterbrechungen, bis 1928 Angestellter seines Vaters in der Bienenzucht. 1921 und 1922 Reisen zu Imkerkollegen des Vaters nach Kärnten und nach Norddeutschland.

1924 Bruch mit dem Vater. Rendl verlässt die Farm, um sich als „freier Schriftsteller" zu verwirklichen. Der Versuch scheitert. Er arbeitet kürzere Perioden als Hilfsarbeiter bei einem Kraftwerksbau bei Faistenau, in der Ziegelei in Bürmoos und in der Tafelglasfabrik Stiassny in Attnang-Puchheim. Im Herbst wieder Verwalter der Bienenfarm in Bürmoos.

**1925–1928**
Im Mai 1925 Prüfung als Imker und Wanderlehrer der Bienenzucht. Anschließend zwei Mal längere Reisen nach Slowenien. Von Herbst 1925 bis Sommer 1926 Bienenpflege und schriftstellerische Arbeit auf der dritten Bienenfarm des Vaters in Scharfling am Mondsee. 1926–1928 hauptsächlich Imker. 1927 erscheint Rendls Publikation über die Milbenseuche bei den Bienen.

1928 wendet er sich wieder stärker der Schriftstellerei zu. Neue Freundschaften mit Künstlern und Kunstliebhabern (u.a. mit dem Maler Josef Schulz und dem Dichter Richard Billinger; Bekanntschaft mit Stefan Zweig; Unterstützung durch den Kunstmäzen Alois Grasmayr). Billinger vermittelt Kontakte zu Verlagen und Radiosendern in Deutschland, Frau Zweig zu Münchener Verlagen. Dezember 1928 Bankrott des Vaters. Das Haus in Itzling wird versteigert. Die Farm in Bürmoos geht an Tochter Antonia. Die Eltern siedeln dahin über.

**1929–1934**
Im Februar 1929 Bekanntschaft mit Bertha Funke, Tochter des Salzburger Notars Viktor Funke, die später seine Frau wird. Mit ihr Reise nach Italien und Frankreich. Das Jahr 1929 ist eines der literarisch produktivsten in Rendls Leben. Er sendet das Manuskript von „Vor den Fenstern" an den Insel-Verlag, welcher den Roman annimmt und Rendl einen monatlichen Vorschuss gewährt. Anfang 1930 mietet das Paar eine Wohnung in Leopoldskron. Rendls „Bienenroman" (1931 im Insel-Verlag) markiert seinen Durchbruch als Dichter. In rascher Folge erscheinen die Romane „Vor den Fenstern" und „Darum lob ich den Sommer" (beide 1932 bei der Deutschen Verlagsanstalt in Stuttgart), „Satan auf Erden" und „Der Berufene" (beide 1934 bei Pustet, Salzburg). Daneben verfasst er eine große Anzahl Kurzgeschichten und religiöse Laienspiele und unternimmt in den Jahren 1930 bis 1933 ausgedehnte Lesereisen im deutschen Sprachraum.

**1934–1938**
An seinem Geburtstag, dem 1. Februar 1934, heiraten Georg Rendl und Bertha Funke in Salzburg. Im selben Jahr ziehen sie nach Bürmoos. Rendl hat Pläne, die Farm zu übernehmen und sich dort anzusiedeln. Aus den Plänen wird

jedoch nichts. 1937 zieht das Ehepaar zurück nach Leopoldskron und 1938 schließlich nach St. Georgen, wo man im alten Brechelbad des Pfarrhofs in der Salzach-Au eine angemessene Bleibe findet. Rendl wendet sich nun stärker dem Theater zu. 1935 wird seine „Passion" an der Wiener Urania uraufgeführt, 1937 am Wiener Volkstheater seine „Elisabeth, Kaiserin von Österreich". 1937 vollendet Rendl auch sein vielleicht wichtigstes Werk, die Trilogie „Die Glasbläser von Bürmoos" (1937 bei Pustet, Salzburg).

**1938–1945**
Mit Übersetzungen und Neuauflagen seiner Erfolgsromane, Abdruck seiner Kurzgeschichten in zahlreichen Zeitungen und Journalen, Aufführungen seiner Stücke und Radiosendungen ist Rendl bis Ende der dreißiger Jahre gut im Geschäft. Bis 1940 erscheinen neben Kurzgeschichten und kleineren Theaterspielen auch noch weitere Romane: „Ein fröhlicher Mensch" (1939 bei Alber, Freiburg i.Br.), „Der Eroberer Franz Xaver" (1940 bei Herder-Verlag, Freiburg i.Br.), „Die Reise zur Mutter" (1940 Buchgemeinschaft Bonn).

1939 bekommt Rendl Schwierigkeiten mit den neuen Machthabern. Nach einer Denunziation von Wirtshaussprüchen folgen Hausdurchsuchung und Verhör durch die Gestapo, Ende 1940 Anzeige wegen staatsfeindlicher Äußerungen und Vorladung an das Sondergericht in Salzburg. Nach Einberufung Rendls zur Wehrmacht Anfang 1941 wird die Anklage mit einer Warnung fallen gelassen. Seine militärische Laufbahn beginnt in einem Ausbildungslager bei Klagenfurt. Im Februar 1941 wird die Einheit nach Lienz verlegt. Rendls Versuche, als Schriftsteller freigestellt zu werden, bleiben fruchtlos, aber er wird an die Kulturabteilung des Stellvertetenden Generalkommandos in Salzburg versetzt. Dort wirkt er als Mitarbeiter an militärischer Erbauungsliteratur.

Im Herbst 1942 wird er an die Gebirgssanitätsschule in St. Johann in Tirol versetzt. Er arbeitet in der Schreibstube, betreut die Bücherei und organisiert Kulturabende für die Kameraden. Anfang 1945 muss er die Schule verlassen und die administrative Leitung eines Reservelazaretts in Kitzbühel übernehmen. Ende April 1945 gelingt es ihm, sich von dort abzusetzen. Er schlägt sich nach Oberndorf durch und wartet den Einmarsch der Amerikaner ab, der wenige Tage später erfolgt.

**1945–1951**
Rendl sucht die jüngste Vergangenheit literarisch aufzuarbeiten („Albtraumspiel") und sich mit programmatischen Aufsätzen am moralischen Wiederaufbau des Landes zu beteiligen. Am 8. Juli 1947 erhält er eine Ehrenurkunde des Bundes Demokratischer Freiheitskämpfer für seine Verdienste um die Freiheit und Unabhängigkeit Österreichs. Eine Neuauflage des „Bienenromans" erscheint 1946. 1948 erscheinen sein Roman „Ich suche die Freude" und der Gedichtband „Gedichte" (beide beim Festungsverlag, Salzburg). Im selben Jahr wird sein Drama „Paracelsus" am Landestheater in Salzburg uraufgeführt. Der Schwerpunkt seiner Arbeit verschiebt sich fast ganz auf das Theater. 1949 Ehrung mit der Silbernen Medaille der Stadt Salzburg.

**1951–1966**
1951 wird Georg Rendl vom Bundespräsidenten der Professoren-Titel verliehen. In der Folge erscheinen noch einige Romane, darunter „Haus in Gottes Hand" (1951 bei Kremayr & Scheriau, Wien), vor allem aber Dramen, Laienspiele und Hörspiele, meist mit religiösem Bezug (u.a. „Vinzenz von Paul" 1951, „Bleiben Sie bei uns Vianney" 1955, „Savonarola" 1957, „Das Herz zum Pfand", Kolping ist hier der Held, 1963). Bei österreichischen Rundfunksendern ist Rendl regelmäßiger Mitarbeiter. Sein „Ehebuch" wird von 1957 bis Anfang der sechziger Jahre von vielen Pfarren als Hochzeitgeschenk für junge Brautpaare gekauft. Zu seinem sechzigsten Geburtstag arrangieren Freunde einen Festband: „Das sind die Gedichte" (1963 beim Festungsverlag)

Großen Erfolg haben in diesen Jahren Rendls Imkereiprodukte „Ambrosia" (Gelee Royale) und sein eigenes Gesundheitsprodukt „Georgika" (eine Mischung aus Honig und Pollen).

**1966–1972**
Schon seit Schulzeiten hatte Rendl nicht nur gedichtet, sondern auch gemalt. Viel gemalt hat er auch während seiner Militärzeit. Zu seinen Malerfreunden gehörten neben Josef Schulz und Wilhelm Kaufmann u.a. auch Albert Birkle in Salzburg, Elsa Czank in Wien, Georg Philipp Wörlen in Passau. Anfang der sechziger Jahre intensivierte er die Malerei und schuf eine große Anzahl von Ölgemälden. 1966 tritt er mit einer Ausstellung im Mirabell-Casino in Salzburg zum ersten Mal mit seiner Malerei an die Öffentlichkeit.

Im Sommer 1966 trifft ihn ein Schlaganfall. Mit großer Anstrengung findet er zurück ins Leben. Sein Geist gewinnt seine Klarheit zurück, aber Rendl behält Schreib- und Sprechschwierigkeiten. Er beginnt auch wieder zu malen, jetzt vor allem Hinterglasbilder von Kirchen und Heiligen. Zum Dank für eine Genesung erbaut er bei seinem Hause eigenhändig eine Kapelle, die er dem Heiligen Franziskus weiht und mit Wandmalereien schmückt (1967/68). 1969 stirbt seine Frau Bertha. Mit Hilfe von Freunden versucht Rendl noch einmal einen Neuanfang. Er plant eine Gesamtausgabe seiner Werke und einen letzten großen Roman über sein Leben, „Der Bettler". Er kann seine Pläne nicht mehr verwirklichen. Am 10. Jänner 1972 stirbt er allein in seinem Haus in St. Georgen und wird am dortigen Friedhof bestattet.

Karl Heinz Ritschel

# Bei Georg Rendl zu Gast

Das kleine Haus zu Füßen des Kirchhügels von St. Georgen bei Oberndorf werde ich nie vergessen. Breit hockt das Haus da, ein alter Flachsstadel, der zum Dechanthof von St. Georgen gehört, und davor ist ein Wiesenteppich ausgerollt, der den Blick weitet. Fern am Horizont steigen die Salzburger Berge auf. Hier lebte der Dichter und Schriftsteller und Maler Georg Rendl.

Er gestaltete das Haus, malte kühn geschwungene Faschen um die kleinen Fensterlöcher, pinselte an die Wände der alten Bienenhütte große Heiligengestalten – vor allem den Franziskus. Dieser Heilige aus Assisi war seine Leitfigur. Als er 1966 nach einer Prostatakrebsbehandlung einen Schlaganfall erlitt und mühsam wieder sprechen und schreiben lernen musste, um Wörter wieder zu Sätzen werden zu lassen, da war er sicher, dies sei dem Beistand des Franziskus, zu dem er gebetet hatte, zu verdanken. Und er gelobte, eine Kapelle in seinem Haus zu schaffen, an deren Wände er den Sonnengesang des Heiligen malte.

Es war ein eigenes Flair in und um das Haus des Malerdichters. Im Spätsommer hingen prall die reifenden Birnen am Spalierbaum, der die Vorderfront des Hauses bedeckte. Rot leuchteten die Äpfel von den Bäumen. Die Marillen waren schon abgeerntet, der Hollunder reifte und die Pappeln begannen zu vergilben. Da wucherten hochgeschossen die Königskerzen in ihrem strahlenden Gelb, sie drängten sich um das Haus, jede winzige Ritze und Fuge ausnützend, wo gerade noch ein Samenkorn Platz finden konnte. Der Klatschmohn gab seine roten Farbtupfen in das Grün des wuchernden Gartens, den der Dichter so liebte, in dem er auch der Natur freie Hand ließ, ausgenommen die Gemüsebeete hinter dem Haus, wo er sorgsam pflanzte und pflegte. Und schließlich die Sonnenblumen, die ihre riesigen Köpfe stets nach der Sonne drehten und die er rechtzeitig barg, um den gefräßigen Vögeln einen Wintervorrat anzulegen.

Wintertage bei Rendl! Das waren köstliche und zugleich kostbare Stunden. Da knisterte der Ofen, da zog der Duft gebratener Äpfel durch die Stuben. Die Äpfel legte er in eine Nische des bullernden Ofens, vor allem wenn er wusste, dass meine Kinder mitkamen. Oft saßen wir stundenlang an einem Tischchen, direkt am Fenster, diskutierten leidenschaftlich und schauten hinaus auf den winterlichen Garten. Meine Kinder pressten dann ihre Gesichter

*Georg Rendl (li.) und Karl Heinz Ritschel im Garten des Rendlhauses in St. Georgen / Au, 1970*

an die Scheiben des verandaähnlichen Raumes, denn an Bäume, Sträucher und dem niedrigen Staketenzaun hatte Rendl große Stücke Rindertalg, er sagte Unschlitt, gebunden, und eine ganze Armada von Vögeln raufte sich darum. Es war wie eine Franziskus-Nachfolge. Die von Georg bestellten Futterplätze waren stets belagert, selbstbewusst flogen die Amseln an, emsig hüpften die Meisen und unbekümmert stürzten die Spatzen umher. Alles an Fluggetier, was in unserer Heimat überwintert, gab sich bei Rendl ein Stelldichein. Buntspechte in ihren roten Beinkleidern, Rebhühner und selbst so mancher Goldfasan stolzierten heran. Es waren hunderte Vögel, die dieses Haus umlebten. Sie waren die beständigen Hausgenossen des Dichters, der einsam in der Au hockte. Und der glücklich war, wenn ein erwünschter Besucher den Weg zu ihm fand – doch nie ohne Voranmeldung. Darauf legte er Wert.

Umgeben von seinen Büchern, darunter die vielen ihm von Stefan Zweig aus dessen Bibliothek vermachten, von seinen Bildern und dem freundlich-bäuerlichen Mobiliar lebte hier Rendl, und kaum jemand, der dieses Heim betrat, wusste, dass wenige Jahre zuvor nur eine Glühbirne an einer Litze baumelte und ein Strohsack die Bettstatt ersetzte. Die letzten Lebensjahre waren für Rendl friedlich und schön gewesen. Freunde hatten ihm nach totalem Zusammenbruch und einer Zeit bitterer Finsternis noch einmal einen Beginn ermöglicht. Es war ein kleiner Kreis. Vor allem ist Griseldis Winter zu nennen, die knapp achtzehnjährig zum ersten Mal gemeinsam mit dem Verlegerduo Hofmann und Schaffler bei dem Dichter zu Besuch gewesen war, ihm nun zwei Jahrzehnte später wieder begegnete und, erschrocken über den Zustand nach dem Zusammenbruch, spontan beschloss ihm zu helfen. Das war gar nicht leicht, denn Georg Rendl war höchst sensibel, feinfühlig, und wollte kein Almosen. Zu Griseldis Winter fasste er totales Vertrauen. Er sagte mir, sie sei seine Muse geworden. Ihr verdanke er am meisten die Wiedererlangung seiner Schaffenskraft. Alles, was er mit seiner Hand niederschrieb, sandte er an Frau Winter, stets mit der Bitte, es nicht nur mit der Maschine abzuschreiben, sondern sorgsam Korrektur zu lesen. Da war immer die Angst, er könne nicht mehr arbeiten. Ein Thema, das immer wieder in seinen Gesprächen kreiste. Dabei war es bewundernswert, wie er ein reduziertes Leben meisterte: Er sorgte für das Haus. Er sorgte für die Küche. Er sorgte sich um seine Kleidung. Er war stets sauber und adrett beisammen. Er backte für Gäste, die er erwartete, Kuchen und er lächelte mit den unzähligen Falten im Gesicht. Man glaubte, es seien Lachfalten, dabei waren es Sorgen- und Schmerzensfalten, die tiefe Furchen über Stirn, Wangen, Mund und Kinn und um die Augen gezogen hatten. Doch es konnte mit allen diesen Falten lachen, vor allem dann, wenn er Gesprächspartner um sich hatte. Und er war bescheiden. Ihn freute die kleinste Aufmerksamkeit, der kleinste Lichtblick am Tage, der Schmetterling, ein tolpatschiges Tier und wer weiß was sonst noch, vor allem jedoch ein freundliches Wort. Und es war irgendwie erschütternd, wenn Georg mich anrief und nur die Worte sagte: „Heinz, komm reden!" Am folgenden Wochenende fuhr ich dann zu diesem „Haus in Gottes Hand" und es wurden diskussionsreiche Stunden. Rendl wollte nicht plaudern, er wollte reden. Plaudern ist ärger als Schweigen, meinte er, denn dann könne man wenigstens denken. Die Spannbreite seiner Themen für Gespräche war weit. Religion, Fragen des Glaubens, Literatur, philosophische Betrachtungen, Bekenntnisse zur Heimat, aber genauso Fragen zur aktuellen Zeit, zur Politik, zur Geschichte, ja selbst zur Raumfahrt, dem Versuch, das Weltall dem Menschen zu erobern, all das waren ihm Gespräche wert. Doch bei einem oder mehreren Gläsern Wein gab es auch heitere Stunden, beschwingte Themen – und gerne rezitierte Georg eigene Gedichte.

Der Freundeskreis war, wie gesagt, klein, ich erinnere mich an das Ehepaar Illichmann, den Maler Josef Schulz, an den Bildhauer Bernhard Prähauser, den Musikwissenschafter Erich Schenk, an Josef Kaut, der Festspielpräsident wurde, an den Dechant von St. Georgen, den Lehrer und Theatermacher Ferdinand Eberherr und Hofrat Rudolf Hanifle, der übrigens der letzte Besucher Rendls war. Vielleicht eine Handvoll Menschen ist noch hinzuzuzählen, die in dieser zweiten Hälfte der sechziger Jahre bis zum Tod Rendls 1972 freundschaftlichen Kontakt hielten.

*Georg Rendl (li.) und Karl Heinz Ritschel im Garten des Rendlhauses in St. Georgen / Au, 1970*

*Georg Rendl in seiner Wohnstube, 1970*

*Georg Rendl (re.) und Karl Heinz Ritschel im Garten des Rendlhauses vor dem Eingang zur Franziskus-Kapelle, 1970*

Die Physis machte dem Dichter zu schaffen, doch mit aller Kraft versuchte er zu arbeiten. Mit Hingabe malte er seinen Franziskus-Zyklus an die Kapellenwand und war glücklich, eine Freundesrunde zu versammeln, als Ferdinand Holböck von der Theologischen Fakultät die Kapelle weihte und dabei über Franziskus, seinen Sonnengesang und unser Leben heute meditierte. Unverdrossen stand er an seiner Staffelei, wobei er ein ewig Suchender war, der zu seiner eigenen Handschrift gefunden hatte, aber immer wieder überzeugt gewesen ist, noch mehr symbolhaft malen zu müssen. Er hatte wieder zu schreiben begonnen, etwa ein Franziskus-Spiel, Gedichte, vor allem „Die trunkene Reise", und zum Schluss der Versuch seiner großen „Lebensbeichte", als die er selbst dieses Epos bezeichnete. „Der Bettler" nannte er diese Arbeit, weil, wie er mir sagte, es ihm ganz klar sei, dass er letztlich ein Bettler sei, im Sinne Gottes, und dass er so unendlich viel Güte und Glück erfahren habe. Dann wieder war Georg Rendl verstört, der Föhnwind machte ihm zu schaffen. Schreiben wurde zur Schwerarbeit und dann wieder meinte er: „Schreiben ist herrlich". Ich machte den Versuch, Rendl wieder populärer zu machen. Der damalige ORF-Intendant Paul Becker stimmte zu. Rendl bearbeitete selbst seine Glasbläser-Trilogie, Griseldis Winter besorgte ein Tonbandgerät und Rendl übte – um dann im ORF den Roman in Fortsetzungen aufzunehmen, die auch gesendet wurden. Es war interessant, mit Rendl über seine Zeitgenossen zu sprechen. Ich bat ihn, seine Erinnerungen niederzuschreiben. So entstanden für die Salzburger Nachrichten die Seiten über Stefan Zweig und Joseph Roth, die in den Wochenendbeilagen der Zeitung erschienen. Es sollten noch mehr Texte werden – doch der plötzliche Tod kam dazwischen.

Rendl hatte in den letzten Lebensjahren täglich Griseldis Winter angerufen. Am 10. Jänner des Jahres 1972 blieb der Anruf aus. Auf Bitten sandte der Dechant jemanden zum Haus, um nachzuschauen. Doch alles war sorgsam abgesperrt, und man meinte, Rendl sei wohl weggefahren. Am nächsten Morgen meldete er sich auch nicht. Frau Winter teilte mir ihre Sorge mit und ich bat die Gendarmerie, unbedingt sofort in das Haus einzudringen. Rendl lag friedlich, wie schlafend, auf einer Bank, auf die er sich gern zu einem Mittagsschläfchen zurückgezogen hatte. Ein unfertiges Bild stand noch auf der Staffelei. Ein düsteres Bild mit großen schwarzen Raben über den Feldern ...

# Georg Rendl – Der Maler

Nikolaus Schaffer

# Landschaften zwischen Himmel und Erde

„Warum ich als Maler nicht an die Öffentlichkeit trete? Ich trete mit Manchem, was mir kostbar ist, nicht an die Öffentlichkeit – außerdem bin ich überzeugt, daß ich als Maler wahrscheinlich noch zu meinen Lebzeiten ‚entdeckt' werde. Wenn nicht, dann gewiß nach meinem Ableben". Eine große Selbstsicherheit spricht aus diesen Worten, die Rendl in einem am 2. Juli 1963 geschriebenen Brief an eine junge Freundin richtete, obwohl sich zu diesem Zeitpunkt das malerische Œuvre, wie es heute vor uns steht, erst in den Anfangszügen abzeichnete. Erst seit kurzem galt seine Schaffensenergie nicht mehr der Feder, sondern dem Pinsel, und er war von einem Hochgefühl getragen.

    Gerade bei einem Charakter wie Rendl, der sich immer wieder für neue Ideen entflammen konnte und hochfliegende Pläne schmiedete, die dann oft im Unzulänglichen versandeten, der verbal gern über seine Verhältnisse hinausschoss, ist Zurückhaltung angebracht gegenüber solch kühner Selbsteinschätzung. War es nur einer seiner zahlreichen Anläufe zu neuen, vielleicht erfolgreicheren Taten, die sich dann doch als Luftschlösser entpuppten? Oder stand er doch an einem entscheidenden Wendepunkt, von dem ab ihm das Malen nicht mehr wie bisher lediglich als ein zusätzliches Ventil diente, um einen Überschuss an kreativem Betätigungsdrang loszuwerden, sondern voller Einsatz gefordert war? War er sich seiner Sache so sicher, weil der Antrieb nun aus einem innersten Bedürfnis kam, weil ihm sozusagen ein Licht aufgegangen war? Oder hat hier bloß ein alternder Schriftsteller, dessen Ruhm verblasste und der nicht mehr an seine früheren Erfolge anknüpfen konnte, aus Ratlosigkeit sein Glück auf einem Nebengeleis seines Talents versucht?

    Bei den Doppelbegabungen, wie sie zwischen den Disziplinen des Wortes und des Bildes erstaunlich häufig vorkommen, liegen die Dinge ja von Fall zu Fall anders, und es gibt selten eine Pattstellung zwischen den Prioritäten. Eine so auffallende Spätzündung, wie wir sie bei Rendl erleben, verdankt sich aber einer besonders ungewöhnlichen Konstellation. Rendl befand sich bis dahin nie im Zweifel, sich für die stärkste Seite seiner Begabung entschieden zu haben, das bildnerische Interesse schwelte immer mehr im Hintergrund, ganz zum Stillstand gekommen ist es ja nie. Ab den sechziger Jahren verlagerte sich sein Ehrgeiz jedoch gänzlich auf die Ölmalerei, nachdem im Jahrzehnt davor seine Anstrengung der Weiterentwicklung von literarischen Projekten gegolten hatte,

*Georg Rendl an der Staffelei vor seinem Haus in St. Georgen, 1966*

die großteils noch in die Vorkriegszeit zurückreichen. In den fünfziger Jahren ließ er seine malerische Produktion fast vollständig ruhen. Rendl rang verzweifelt um Anschluss, mobilisierte seine letzten schriftstellerischen Reserven, um schließlich zu einer resignativen Einsicht zu kommen. Er habe das Gefühl, nicht mehr die Sprache seiner Zeit zu sprechen, hat er mehrfach geäußert. „Meine Sprache ist zerbrochen, verrostet", war geradezu ein Stoßseufzer von ihm. Ob es nun an Rendls weitschweifigem, zum blumigen Ausdruck neigendem Schreibstil lag oder sein Hang zum Weltverbesserer und Menschheitserzieher als allzu betulich empfunden wurde – jedenfalls zog sein Name zumindest im überregionalen Rahmen nicht mehr die Leser an.

Dass ein ausgebrannter Dichter im Alter von sechzig Jahren einen zweiten Schaffensfrühling erlebt, indem er in einer für alle unerwarteten Wendung zum Maler wird, dieser Fall steht wohl ziemlich singulär da. Dabei war er zu dieser Zeit gesundheitlich schon stark angeschlagen, finanziell in misslichen Verhältnissen und vom Gefühl zunehmender Vereinsamung geplagt. Der Fachwechsel bewirkte bei Rendl so etwas wie eine Verjüngung seines kreativen Potentials. Plötzlich fand er die Freude am Schaffen wieder, die er so lange vermisst und so oft auf den Lippen geführt hatte, war zeitweise von einer rauschhaften Schaffensintensität ergriffen. Nur so ist es erklärlich, dass in den weniger als zehn Jahren, die ihm noch blieben, die beachtliche Menge von rund 200 Ölbildern entstehen konnte, ein stilistisch und qualitativ kompaktes Œuvre, innerhalb dessen interessante Entwicklungen und eine permanente Experimentierbereitschaft zu beobachten sind. Haben ihm die wenig erfreulichen Umstände – die Behinderung nach einem Schlaganfall, die Rendls Sprech- und Schreibvermögen traf – etwa dabei geholfen, zu seiner eigentlichen künstlerischen Bestimmung vorzudringen und zu entdecken, was in ihm noch steckte?

Die Frage, ob er als Dichter oder als – bis dato noch unentdeckter – Maler die größeren Überlebenschancen hat, muss angesichts der traditionellen Bewertung seines Lebenswerks abwegig erscheinen. In allen lexikalischen Beiträgen und Würdigungsartikeln wird sein zweites Standbein bestenfalls mit einem Nebensatz abgetan, so als hätte man es ihm verübelt, dass er nicht bei seinen „Leisten" geblieben ist. Nicht einmal unter Rendl-Verehrern wird seine Malerei sonderlich geschätzt. Es hat noch nie jemand an die Erschließung dieses „Hoff-

*Rendl-Ausstellung 1966 im Mirabell-Casino*

nungsgebietes" gedacht, der dem verblassten Nachruhm Rendls wieder mehr Glanz verleihen könnte. Vielleicht ist jetzt der Zeitpunkt gekommen, an dem sich seine Prophezeiung bestätigt.

Allzu hartnäckig hielten sich einmal in die Welt gesetzte Vorurteile, die dem Maler Rendl keinen ernsthaften Rang zugestehen. Möglicherweise hat sich die Produktion von Hinterglasbildern, von Rendl und Gehilfen zeitweise als kunstgewerblicher Erwerbszweig betrieben, rufschädigend ausgewirkt. Dabei fehlt seit Jahrzehnten jede Möglichkeit einer Überprüfung, denn Rendls Bilder sind seit ihrer ersten und letzten öffentlichen Präsentation Anfang 1966 für die Öffentlichkeit praktisch nicht mehr vorhanden. Der künstlerische Nachlass kam auf seinen Wunsch an das Gemeindeamt von St. Georgen in Obereching, wo er seither unbeachtet lagert. Eine kleine und zufällige Auswahl ist seit seiner Errichtung im Heimatmuseum von St. Georgen, im sogenannten Siglhaus, aufgehängt worden. Das wenige, was noch von Rendl selbst verkauft und verschenkt wurde, ist der Einsichtnahme kompetenter Betrachter entzogen. Ein einziges Selbstporträt gelangte in Museumsbesitz. So kommt es, dass Rendl bisher nicht einmal von den lokalen Instanzen wahrgenommen wurde und beispielsweise im Standardwerk „Die Moderne in Salzburg – Salzburger Kunst nach 1945" (1988) fehlt.

Dabei sind seine Ölbilder bei ihrem ersten Erscheinen in der Öffentlichkeit sehr wohl auf große Zustimmung gestoßen. Die Ausstellung fand vom 4. bis 25. Februar 1966 in der Galerie im Mirabell-Casino in der Schwarzstraße statt und umfasste 58 Gemälde. Sie wurde von Dr. Josef Kaut, damals Kultur-Landesrat, einem Jugendfreund Rendls, eröffnet. Allein 25 der gezeigten Bilder waren im eben zu Ende gegangenen Jahr 1965 entstanden, sogar einige noch jüngere waren zu sehen. Ein kleinerer Teil streifte das Vorkriegsschaffen. Die Kritik zeigte sich einhellig beeindruckt von diesem „verborgenen Bildschatz" (H.G. Bonte in den „Salzburger Nachrichten" vom 5.2.1966), von dessen Existenz niemand etwas geahnt hatte. Auch abgesehen von diesem Überraschungseffekt gestand man den Arbeiten eigenständiges Profil und ungewöhnliche Strahlkraft zu. Wenn in einer Besprechung von einer „eigenartig kristallinen, desillusionierenden Atmosphäre, in der man Salzburg bis jetzt noch nicht gesehen hat", die Rede ist (K.H. im „Demokratischen Volksblatt" vom 9.2. 1966), so zeigt das, dass das Verständnis von Rendls Intentionen auch schon tiefer ging.

Vermutlich war es gerade jene Mischung aus vertrauter Landschaftsthematik und einer diese verfremdenden, einer rigorosen Stilisierung unterziehenden Umsetzung, die manchen Betrachter irritiert hat, gerade jene aus seiner Leserschaft, die sich etwas Anheimelnderes und Beschaulicheres erwarteten. Denn von seinem literarischen Schaffen genährte Vorstellungen legen eher eine falsche Fährte zu den Bildern. Rendl fand in seiner Malerei wieder zu jener expressiven Verknappung und elementaren Ausdruckskraft, die in seinen späteren Romanen vielfach in einem ermüdenden Redefluss untergeht.

Vielleicht ist es die ungewohnte Spannung, die aus einer die Formen simplifizierenden Nüchternheit und einer unterschwelligen, sakral anmutenden

Leuchtkraft resultiert, die das Verständnis für seine Malerei so lange trübte? In der Unverwechselbarkeit ihrer stilistischen Eigenart vertreten die Bilder keine gängige Marke. Man versuchte gelegentlich, ihn in die volkstümliche Ecke zu stellen, aber trotz seiner Themenwelt war Rendl kein typischer Heimatkünstler, hat er sich nie dem Bäuerlichen angebiedert. Obgleich seit den dreißiger Jahren in einer selbstgewählten ländlichen Einschicht lebend, legte Rendl Wert auf einen städtisch-kultivierten Lebens- und Einrichtungsstil. Besucher waren immer wieder überrascht vom Eindruck fast bourgeoiser Eleganz in seiner doch recht einfachen Behausung.

Die Bilder sind nach dieser Ausstellung im Jahre 1966 trotz ihres so positiven Echos wieder vollkommen aus dem Blickfeld verschwunden – Rendls Metierwechsel war eben doch nicht wirklich akzeptiert worden. Außerdem stand er zu weit außerhalb der eigentlichen Kunstszene. Keine weiteren Schritte erfolgten, Rendl hatte zu seiner unerhörten Produktivität kaum einen anderen Ansporn als seine Überzeugtheit und Schaffensfreude. Immerhin überwogen seine Einnahmen aus gelegentlichen Bilderverkäufen die aus der Schriftstellerei und halfen ihm, seine recht ärmlichen Lebensbedingungen etwas zu verbessern.

Die frühesten erhaltenen Arbeiten sind weit entfernt von der überlegten, fast planmäßig vorgehenden Bildgestaltung, von der oben die Rede ist, sie tendieren im Gegenteil zu einer wild wuchernden Expressivität. Rendl hat in dieser Zeit, wie erwähnt, nur sporadisch zum Pinsel gegriffen. Aus den Jahren 1932/33 sind eine Reihe von Blumenstillleben erhalten, die man der psychisch-gestischen Spielart des Expressionismus zuschlagen möchte, die als österreichisches Spezifikum gilt, mit Richard Gerstl und Jean Egger als namhaftesten Exponenten (Kat.-Nrn. 3, 4, 5, 11). Blüten und Blätter ergießen sich wie platzende Feuerwerkskörper, von keiner geordneten Pinselfaktur gezügelt, auf die Leinwand. Der informelle Farbauftrag dominiert auf sehr einseitige Weise und lässt die räumlichen Verhältnisse ungeklärt. Rendl ist sich dieses Mankos bewusst gewesen, denn er hat versucht, ihm durch starke, meist schräge Kompositionslinien zu begegnen, zumindest einen Raumzwickel abzustecken. Das Ergebnis überzeugt nicht ganz, auch der Kunstgriff, das Stillleben vermittels Draufsicht mehr in die Fläche zu klappen, wirkt zu gewollt eingesetzt (Kat.-Nr. 2). Immerhin steckt hier schon der Keim zu Lösungen, die er später fand.

Bei Gelegenheit des Blumenthemas, das er immer wieder aufgriff, sei ein Sprung über vierzig Jahre hinweg gestattet. „Stockrosen auf Blau" von 1971 mutet in seiner Abgeklärtheit und meditativen Stille wie ein Notturno an (Kat.-Nr. 180). Der Kontrast zur munteren Üppigkeit der soeben betrachteten Frühwerke könnte nicht größer sein. Hier ist alles äußerliche Gepränge und Schwelgen in Farbe abgetan und in die Spärlichkeit einer vergeistigten Erscheinungsform überführt. Der Raum ist durch regelmäßige, monochrom behandelte Farbflächen definiert, die in feiner Intervallspannung zueinander stehen, weitgehend abstrakt gesehen, wenngleich links oben ein Fenster sowie eine Standfläche für die vollkommen körperlose Glasvase erahnbar sind. Es ist mehr die Epiphanie eines Blumenstraußes, das sich als fragiler Abglanz im Sinnlichen manifestiert.

*Albert Birkle: Bildnis Georg Rendl, 1935. Öl auf Pappe, 35 x 100 cm. Salzburger Museum Carolino Augusteum, Inv.-Nr. 3/74*

Weiter reduziert ist ein anderes Blumenbild aus dem selben Jahr, in dem das Abbildhafte noch stärker zurückgedrängt ist, bewusst vernachlässigt erscheint (Kat.-Nr. 179). Vase und Stängel, aber auch die Blüten selbst wirken in der Wiedergabe verkümmert, schablonenhaft, wogegen sie sich als Farbflächen gegenüber dem Grund, der nun in derselben Bildebene liegt, umso selbstbewusster und kräftiger artikulieren. Im Unterschied zur traumhaften Poesie des blauen Bildes ist hier deutlich eine sakrale Wertigkeit anvisiert, wie sie vor allem der von weißgelb zu goldgelb modulierende Grund signalisiert. Es kommt hier im asketischen Gewand ein jubelnder Überschwang zum Durchbruch, der für die letzte Schaffensphase Rendls charakteristisch ist. Während sich im Werk der sechziger Jahre eine Gebrochenheit malerisch sehr entschieden ausspricht, welche die Strahlkraft ins Verhaltene abtönt oder sogar in eine gewisse Giftigkeit verwandelt, entfalten die spätesten Bilder eine Prächtigkeit und Fülle, so als wäre der Künstler aus dem Stadium des Zweifels in einen Zustand der Gnade gefallen und erst jetzt vom Gottgewollten der Schöpfung überzeugt. Man kann es freilich auch nüchterner interpretieren, dass Rendl zu einem gelösteren Selbstverständnis fand, dass er sich aus dem Vollgefühl der erreichten malerischen Freiheit heraus immer weniger emotionelle Zurückhaltung und Kontrolle auferlegte und daher eine ursprüngliche Vitalität durchschlug.

Am 26. Mai 1924 hat Rendl in einem Brief an Josef Kaut sehr aufschlussreich und prinzipiell auf das Kunstgeschehen seiner Zeit Bezug genommen: „Es geschieht doch Großes, lieber Kaut! Wir sind im Anfangsstadium – es ist viel Bewegung ... Das Gemälde, das ja elementar auf die Ebene angewiesen ist, will doch nimmer wie ehedem Idyllen darstellen, farbig sein, Lichteffekte markieren – es will Bewegung – Bau – Idee und Architektur sein! Unsere Kunst gibt dem Ausdruck des Dinges Form! Sie überwindet das Ding und zeigt das Verhältnis des Dinges zur Idee des Dinges – gestaltet also nicht das Ding nach, sondern belebt es, ruft es zur Bedeutung! Das will doch etwas heißen!" Diese als junger Mann geäußerten Einsichten hatten für Rendl als Leitvorstellung uneingeschränkt bis zuletzt Geltung, was sich etwa an seinem starken Interesse für die Bildarchitektur ablesen lässt, die für ihn ganz konkret den geistigen Überbau vertritt. Zum Verständnis der Veränderungen in der Kunst hat er sich der Stütze der Philosophie bedient, ähnlich wie auch der analytische Kubismus als Ausfluss der platonischen Ideenlehre gedeutet worden ist. Der unlösbare Widerspruch zwischen intensiver sinnlicher Präsenz und symbolhafter Repräsentanz der Erscheinungswelt lässt ihn nicht bei einem einmal erreichten Modus der Darstellung stehen bleiben, sondern immer weiter experimentieren. Den Faden zwischen der natürlichen Erscheinung und dem Wesen der Dinge, dem er nahe zu kommen sucht, will er nicht gänzlich durchtrennen. Der reinen Abstraktion, die für ihn zusammenfällt mit der höchsten, göttlichen Idee, nähert er sich mit äußerstem Respekt und Scheu vor der letzten Konsequenz.

Kunst ist weder gemalte Philosophie noch Selbstzweck, vor diesem Fehlschluss und der Instrumentalisierung von Kunst als Sprachrohr einer Idee bewahrt ihn die starke Selbstbezogenheit seiner künstlerischen Aussagen, das Bewusstsein, „dass jedes Bild eine Dokumentation meines Wesens ist" (Brief an NN vom 21.9.1963). Zwischen seinem starken Drang zur subjektiven Existenzbekundung und der Überzeugung, ein Werkzeug Gottes zu sein, im Dienst einer höchsten Idee zu stehen, entstand vielmehr eine fruchtbare Spannung – wie Kunst überhaupt nur in den psychischen Spannungen und Widersprüchen der Persönlichkeit einen Nährboden finden kann. Rendl, antibürgerlich und tiefkatholisch zugleich, könnte man nach dem Zeugnis seiner Malerei unschwer für einen christlichen Existenzialismus reklamieren. Das, was uns an dieser Malerei außergewöhnlich erscheint und sie entdeckenswert macht, ihr Erlebnisgehalt, ihr inneres Feuer, ihre Intensität, ist mit einer solchen Etikettierung aber nur am Rande berührt.

*Georg Rendl: St. Georgen im Pinzgau. 1967. Hinterglasbild, 23 x 29 cm. Gemeinde St. Georgen*

*Georg Rendl: Fuschlsee. 1965. Hinterglasbild, 23 x 29 cm. Gemeinde St. Georgen*

Auch die wenigen Landschaftsbildchen aus der Anfangszeit zeigen eine dicht und relativ unsystematisch angehäufte Farbe, die sich in dem hübschen Gartenbild von 1939 etwas zu organisieren beginnt (Kat.-Nr. 14). Die einzelnen Bestandteile heben sich nun stärker ab, sie gewinnen eine Signifikanz, die sie über das rein Motivische hinaushebt und dieses hintergründig werden lässt. Das „Haus unter Bäumen" (1940), das den Ausstellungsprospekt von 1966 ziert (Kat.-Nr. 18), und die Ansicht der Glashütte von Bürmoos (um 1935, Kat.-Nr. 13) stellen die deutlichsten Vorgriffe in die mehr als zwei Jahrzehnte später eingeschlagene Richtung dar. Der expressive Impetus hat sich verflüchtigt, die schwere, erdige Farbigkeit und die düstere Bildstimmung stimmen mit dem allgemeinen Trend zum Dumpfen und Reglosen in der Malerei dieser Zeit überein. Die durch die übersteigerten vertikalen Akzente verankerte und in ein symmetrisches Gleichgewicht gebrachte Komposition ist bereits ein typisches Merkmal der eigentlichen malerischen Schaffensphase. Dazu stehen die Horizontalen des Terrains und der streifig gemalte Himmel in einem bewussten Gegensatz, wie ihn Rendl später noch wesentlich schärfer und konsequenter auszubilden verstand. Auch die magische Bildstimmung entspricht schon dem Pathos der Einsamkeit, von dem seine Landschaften durchdrungen sein werden.

*Georg Rendl: Kirche mit Friedhof. Handzeichnung. Verbleib unbekannt*

Einen bedeutsamen Schritt weiter geht Rendl mit „Mein Brunnen" von 1948, weil hier die Aura der Tristesse und Einsamkeit ins Mysteriöse und Unwirkliche kippt (Kat.-Nr. 21). In seinem Bestreben, die suggestive Präsenz der schlichten Wirklichkeitselemente zu steigern, gelangt er hier zu einem unerhörten Grad der Verrätselung, der fast an surrealistische Bilder denken lässt. Die kubisch-geometrische Begradigung, die vor allem der Überführung der Bildfläche ins Räumliche dient, war bisher noch nie so durchgreifend, sie erfasst auch Büsche und Bäume, macht aus ihnen merkwürdig deformierte, wie gefrorene Gebilde; geradezu unheimlich der in den Boden geschnittene Schatten des linken Gebäudes, den nur ein schmaler Steg von der nächsten Dunkelzone trennt. Trotz der tiefen Schatten und der stark aufgehellten Farben hat das Bild etwas Nächtlich-Halluzinatives, das aus diesem unscheinbaren Innenhof mit Wasserpumpe eine ländliche pittura metafisica macht.

Fragt man nach der stilistischen Umgebung, in der Rendls Frühwerk „aufgewachsen" ist, so ist deutlich, dass es in der Nachfolge von Anton Faistauer steht, wenngleich sich diese Herkunft im späteren Verlauf verwischte. In dem satten Kolorismus des Bildes mit dem Untersberg (1949), dessen betont symmetrische Komposition in eine andere, zukünftige Richtung weist, ist sie noch deutlich spürbar (Kat.-Nr. 22). Die legendären „Wassermann-Ausstellungen" 1919–1921 im Salzburger Künstlerhaus hat er ja als Jugendlicher zweifellos aufmerksam miterlebt. Es ist allerdings ein etwas verwilderter Faistauer-Stil, der ihm in erster Linie durch Josef Schulz, mit dem Rendl lebenslang befreundet war, vermittelt wurde. Schon Schulz hat die tektonische Strenge des Farbaufbaus bei Faistauer mehr ins Dynamische, Spontane und Unruhig-Labile modifiziert. Denn ihm ging es vor allem darum, die Farbe als geheimnisvoll flackerndes Medium im Sinne mystisch-religiöser Weltsicht einzusetzen. Schulz soll schon die Farben in Rendls frühen Blumenbildern als zu wenig glühend und „rußig" beurteilt haben. Der immer wieder gehörte Vorwurf, Rendl sei ein Epigone von Schulz gewesen, hat nur im weitesten Sinne Berechtigung, sofern beide dem Faistauerschen Kolorismus entsprossen, dem sie als Farbmystiker eine neue Entwicklungsrichtung gaben. Typisch für diese „Schule" ist die sehr lebendige, aufgeraute Flächengestaltung durch unregelmäßig aufgetragene, lose zusammenhängende, locker übereinander geschichtete Farbpartien.

Formal hat sich Rendl, der schon immer um eine strengere Disziplinierung des rein Malerischen bemüht war, spätestens seit seiner fruchtbaren Zeit als Maler völlig von seinem Freund Schulz gelöst. Man kann geradezu von einem Bruch sprechen, denn nicht zuletzt die ständige einseitige Kritik von Schulz hat Rendl dazu veranlasst, erst recht eigene Wege zu gehen. Abgesehen davon hat Schulz nur wenige reine Landschaften gemalt, Rendl dagegen so gut wie nie Figuren. Eine wichtige Errungenschaft war sicherlich die Ausbildung und Systematisierung seiner Spachtel- und Schabtechnik, die gleichzeitig mit einem übersichtlichen „Bauplan" ab 1963 seine Malweise prägt. Dadurch werden an sich vertraute Landschaftsszenerien in einer Weise verfremdet, die ihren spirituellen oder transzendenten Charakter hervorkehrt. Einesteils ist es das konstruktive Kalkül, das die Darstellung in Rendls Verständnis vergeistigt, und zum anderen wird das Gegenständliche von abstrakten Strukturen überlagert, die vom gezielten Einsatz des Spachtelmessers herrühren, wobei die sperrige Spachteltechnik mit der Bildgeometrie korrespondiert. Wie eine Briefstelle zeigt, ging Rendl dabei durchaus systematisch vor: „Das große Bild ist fast fertig, ich habe es ‚entnaturalisiert' und stark stilisiert. So wird es gut", schreibt er am 7. September 1963. In Hinblick auf seine Arbeitsweise ist eine andere Briefstelle aufschlussreich: „Das Bild ... ist fast fertig. Aus technischen Gründen, da die Farben, über die ich andere setze, ein wenig trocknen müssen (nicht ganz), kann ich ein solches Gemälde nicht in einem Zug fertig machen. Ich male deshalb vier Bilder zur gleichen Zeit". Vorbereitende Arbeiten in der Art von Entwurfszeichnungen oder Skizzen fehlen bei Rendl so gut wie ganz.

Auch Josef Schulz hat die Spachteltechnik vielfach angewandt und in den Dienst sakraler Bildwirkung, eines mystischen Hell-Dunkel gestellt, er fächert die übereinander gelegten Farbschichten mit dem Instrument facettenhaft auf und erzeugt dadurch eine Stimmung voll dramatischer Unruhe. Im Gegensatz dazu arbeitet Rendl mit ruhigen und teppichhaften, lasierend aufgetragenen Flä-

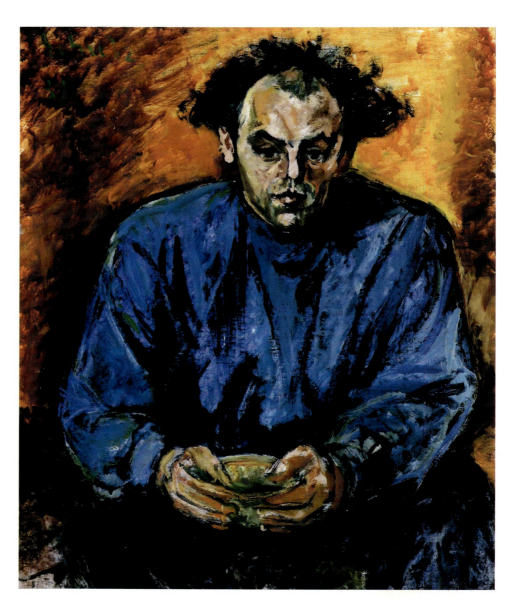

*Josef Schulz: Bildnis Georg Rendl
1931. Öl auf Leinwand, 90 x 72,5 cm.
Gemeinde St. Georgen*

chen, sie wirken wie ein dünner, glatter Überzug, durch den man wie in einen leicht getrübten Spiegel blickt. Die sinnlich-stoffliche Erscheinung der Oberflächen wird vollständig von diesen gespachtelten, teilweise wieder abgeschabten Schichten mit ihrem strukturellen Eigenleben absorbiert. Auch die helle Binnenzeichnung, die wie in den Grund geritzt wirkt, ist mit der Spachtel aufgetragen. Das Grobe, Rissige und gleichzeitig Diaphane dieser Technik geht unmittelbar in die Metaphorik der Bildaussage ein: Der irdische Daseinsraum, betont rau und kärglich akzentuiert, erscheint sinnfällig in den Rahmen göttlicher Verheißung gestellt – man könnte von einer neoplatonischen Verschränkung zweier Welten sprechen, die sich einer malerischen Überblendungstechnik bedient. Ähnlich wie in der mittelalterlichen Kunst ist bei Rendl die Geometrie Ausdruck des Göttlichen, erscheint das Diesseitige visionären im himmlischen Glanz.

*Josef Schulz: Bildnis Georg Rendl 1931. Öl auf Leinwand, 64,5 x 52 cm. Rupertinum Museum moderner Kunst Salzburg*

Bei den ersten Produkten von Rendls neu entflammter Malleidenschaft, also den 1963/64 entstandenen Ölbildern, ist der Anschluss an den spätexpressionistischen Status der vierziger Jahre einigermaßen ersichtlich (Kat.-Nrn. 27–32, 41–44). Die einzelnen Landschaftsbereiche sind noch atmosphärisch miteinander verschmolzen, die Geometrie macht sich erst zaghaft mit dünnen, gratigen Lineamenten bemerkbar, die Spachtel ist impulsiver gehandhabt als später, die Einzelformen wirken betont struppig und zerzaust. Die kantigen Abbrüche des natürlichen Geländes sind manchmal eine Folge des schroffen, ungemilderten Spachteleinsatzes, der die Bildfläche in breite Streifen gliedert (Kat.-Nr. 27). An dieser Art der Straffung und Systematisierung hat Rendl konsequent weitergearbeitet, es lag ihm daran, schon in den primären Richtungsgegensätzen nichts zufällig Gegebenes, sondern einen geistig-hieratischen Anspruch zu artikulieren. Das gilt besonders für die vertikal aufragenden Formen, in denen ein Pathos des sich existenziell Behauptenden, zum Himmel Strebenden mitschwingt. Hierin steht Rendl der Gotik näher als Mondrian und Malewitsch, die eine vergleichbare spirituelle Aufladung anstrebten, ohne so unbeirrbar in heilsgeschichtlichen Kategorien zu denken wie er.

Rendl war es klar, dass er als Maler heimatlicher Motive nur dann sein Gesicht wahren konnte, wenn er wegstrebte von einer verfänglichen Naturschilderung der romantisch-einfühlsamen Art, die zum genießerischen Verweilen einlädt. Es zeichnet sich bereits jetzt die absichtsvolle und spärliche Bestückung der Landschaft ab, die Zerlegung des Terrains in abstrakte Flächenkompartimente, die jeweils für sich behandelt werden, die Verwendung von schmutzigen Braun- und Grüntönen, die keinen Gedanken an eine fruchtbare, saftige Scholle aufkommen lassen. Er schreitet immer entschlossener vom Abbildlichen zum Sinnbildlichen voran. Das Nüchterne, ja geradezu Lebensfeindliche der stets menschenleer gesehenen Landschaft wird betont, was die vielzitierte Lieblichkeit des Alpenvorlandes geradezu ins Gegenteil kehrt. Malerisch sehr wirkungsvolle Bilder wie „Flusslandschaft mit Staufen" (Kat.-Nr. 84) und

Josef Schulz: Georg Rendl mit Ziehharmonika. Bleistiftzeichnung 1931. Privatbesitz

„Kapelle" (Kat.-Nr. 67), beide 1965, zeigen eine durch äußerste Reduktion und plakative Flächigkeit erreichte Signifikanz des Motivs, haben aber auch etwas Ästhetisch-Unverbindliches und sind untypische Werke, weil sich das konkrete Landschaftsvorbild verliert. Das armselige Kirchlein, in eine visionäre Farbstimmung getaucht, ist ein ebenso deutlich sprechendes Symbol, wie der den Berggipfel überragende Mast, der für einen nicht minder verheißungsvollen technischen Fortschritt steht. Eine noch symbolkräftigere Formulierung zeigt ein hochformatiges Bild desselben Jahres, das eine neue Entwicklungsstufe markiert, in der jegliche malerische Bewegtheit durch eine noch strenger stilisierende, an Glasfenster erinnernde Art der Zusammenfügung von Flächenstücken ersetzt ist (Kat.-Nr. 72).

Die Landschaften wirken jetzt vollkommen körper- und gewichtslos, von innen her durchleuchtet, die insgesamt schärfere, kühlere Farbigkeit bevorzugt pastellig-fahle bis nächtlich-irreale Töne. Die strenge flächige Komprimierung lässt die Gebirgszüge, welche die Szenerie wie eine dünne Wand abschließen, bedrohlich nahe rücken (Kat.-Nrn. 71, 82, 120). Der frei bleibende schmale Vordergrund wird durch extrem fluchtende Schnittlinien in die Tiefe gestreckt (Kat.-Nrn. 76, 99, 108, 127). Immer systematischer wird die Bildfläche in eine parallele Abfolge von horizontalen Streifen aufgelöst, im äußersten Fall steht das

Bildmotiv markant aufragend vor einer abstrakten Farbskala (Kat.-Nrn. 121, 134, 143, 155). Die Überzeichnung der vertikalen Bildakzente im Sinne eines Bedeutungsmaßstabs lässt einzelne Gewächse, vor allem aber die Kirchtürme in einer Landschaft übergroß erscheinen. Sie werden als Landmarken einer transzendenten Geografie gesehen, als Finger Gottes sozusagen, die einen tröstlich leuchtenden Kontrapunkt zu den dunklen Bergen setzen, welche die Unbilden des Lebens oder das zu überwindende Schicksal versinnbildlichen könnten (Kat.-Nrn. 52, 71, 79, 82, 122). Die Symbolik eines mühsamen Lebenskampfes spricht auch in den ausgemergelt wirkenden Pflanzen, in der zerfurchten Binnenzeichnung der Bäume und Büsche mit. Sie ähneln manchmal geflochtenen Körben oder sehen wie mit Netzen umhüllte Ballons aus. Doch fällt auf diese Unwirtlichkeit ein Schein des Göttlichen, der sie von Innen erstrahlen lässt und die Erdenschwere aufhebt (Kat.-Nrn. 121, 122, 140, 144).

Stets nimmt Rendl einen erhabenen, überpersönlichen Betrachterstandpunkt ein und bündelt die Fluchtlinien der weit aufgerissenen Perspektive in einer atemberaubenden Totale, die in einem magischen Farbenspiel aufleuchtet (Kat.-Nrn. 70, 95, 101, 108, 109, 166). Besonders auffallend ist, wie die Berge, die wie aufgeklappte plane Flächen ohne Relief und Volumen dastehen, durch bizarre Zacken und Zinken ins Fantastische gesteigert sind. Rendl sah Türme und Fabriksschlote, die manchmal kaum von den überzeichneten natürlichen Erhebungen zu unterscheiden sind (Kat.-Nrn. 97, 175), prinzipiell als willkommene Elemente der Landschaft an. Unter dem Aspekt des Aufwärtsstrebens faszinierten ihn auch die damals bei uns ihren Einzug haltenden Hochhausbauten. Folgerichtig hat ihn der Bau des Salzburger „Hotel Europe" nicht nur als Aussichtspunkt zu einer Reihe von Salzburg-Bildern veranlasst. Besonders eine utopische Stadtansicht mit einer ganzen Staffel von ähnlich hochstrebenden Gebäuden vor Maria Plain verleiht seiner euphorischen Einstellung Ausdruck, ist sein – zugegeben etwas kurioser – Beitrag zu einer seither aktuell gebliebenen Debatte (Kat.-Nr. 92). Auf einem anderen Großformat stellte Rendl das alte und das moderne Salzburg in der für ihn bezeichnenden Übersichtlichkeit der Bildpläne einander gegenüber, während sich in einer dritten Ebene, dem in bengalischen Farben wetterleuchtenden Himmel, der Schauplatz ins Kosmische erweitert (Kat.-Nr. 91).

Die simplifizierende Reduktion der Natur bringt klötzchenhafte Häuser und Kugelbäume hervor, die als Versatzstücke in die Landschaft gesetzt werden. Mit seinen schematischen Kürzeln für Vegetation und Geländeformen

*Josef Schulz: Bildnis Georg Rendl. Bleistiftzeichnung 1937. Privatbesitz*

*Georg Rendl (li.) und Josef Schulz. Geburtstagsfeier Schulz 1971 beim Plainwirt*

*Georg Rendl: Seeham. 1967.
Hinterglasbild, 23 x 29 cm.
Gemeinde St. Georgen*

nähert sich Rendl den Usancen der mittelalterlichen Maler, ihrer isolierenden und symbolisierenden Betrachtungsweise. Auch die kulissenhafte Staffelung des Raumes und die klare Abfolge der „Gründe" erinnern an die Art der Alten. Weiträumige Landschaftsprospekte, in denen Seen wie starre blaue Tafeln liegen, Wege und Flüsse ihre abstrakten Bahnen ziehen, werden in einer naiv anmutenden Vogelperspektive gesehen, sie wirken ein bisschen wie rohgezimmerte Miniaturmodelle (Kat.-Nrn. 49, 56, 166), vor allem in der Bildanlage haben sie etwas von primitiven Veduten.

In manchem Bild ist die Geometrisierung der Landschaftskonturen so weit vorangetrieben, dass man sich beinahe an die reinen Farbflächenkompositionen eines Poliakoff erinnert fühlt (Kat.-Nr. 144). Diese asketisch-reduktionistische Phase erreicht ihren Höhepunkt 1966/67. Immer zu experimentellen Grenzgängen bereit, spitzte Rendl diese Abstraktionsmöglichkeit von Landschaft einmal förmlich zum surrealistischen Trapezakt zu. Berge und Hügel werden zu Kegeln und Halbkugeln, Wolken zu schwebenden Rhomben, See und Felsblock sind zu magischen Zeichen oder Kristallen erstarrt und in eine gelb schwelende Farbenglut getaucht (Kat.-Nrn. 110, 112, 113). Diese drei, vier Bilder stellen zweifellos einen Sonderfall von Rendls Malerei dar, aber mehr oder weniger abgeschwächt ist etwas von dieser fiebrigen Geometrie in allen seinen Bildern enthalten. Das Greifbarwerden des Sonnenlichts als weißlich-gelber Niederschlag, zu dem spannungsvoll das kühle, ätherische Blau der schroffen Gebirge tritt, findet sich zu segantinihaft glitzernder Grelle gesteigert. Ausgerechnet diesem Fantasma einer jeden Schutz verweigernden Landschaft setzt Rendl in einem für ihn ungewöhnlichen Bild die Figur eines Wanderers aus (Kat.-Nr. 73).

Insgesamt tendiert die Farbigkeit jetzt immer mehr zu dem sakralen, da sehr erdfernen Gelb-Blau-Kontrast. Anstelle eines „gesunden" Schönwetter-himmels finden wir bei Rendl in der Regel einen mitternachtsblauen, weiß verschleierten oder von Gelb überfluteten Himmel. Es fällt auf, dass der Himmel oft in von oben nach unten gezogenen Bahnen gemalt ist – Ströme des Lichts, die wie an einer Wand herabrinnen. Ein Vorhang wird heruntergelassen und gleichzeitig zerrissen. Richtige Wolken sind ganz selten zu finden, eher könnte man von „geronnenen" und zirkulierenden Wolkenschleiern sprechen, wie sie für Föhnwetter charakteristisch sind. Dieses Stichwort, das auch zur Überschärfe der klar abgegrenzten Formen und vor allem zur unwirklichen Nähe der Gebirgskämme passt, hat bei Rendl sicher seine besondere Berechtigung. Der Föhn, das hat Rendl wiederholt zu verstehen gegeben, versetzte sein künstlerisches Sensorium in Höchstspannung. „Der Föhn! ... Über die Bedrängnis, die er mir bringt, suche ich aber seine Schönheit zu genießen. Er verzaubert das Land und steigert die Offenbarung seines Wesens. Er verstärkt das Licht, verwandelt die Schatten und mischt immer neue Töne, er rückt das Entfernteste ganz nahe heran und lässt von fernen Felsbergen oder Waldrücken schier jeden einzelnen Stein und Baum erkennen. Manchmal schwimmt die Welt durch ihn in Bläue" („Haus in Gottes Hand", Wien 1951, S. 157–158). Wenn man bedenkt, dass der jugendliche Rendl den Föhn bereits im Titel seiner ersten lite-

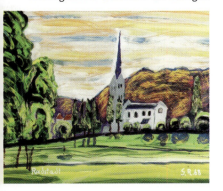

*Georg Rendl: Radstadt. 1968.
Hinterglasbild. Gemeinde St. Georgen*

rarischen Zeitschrift beschwor, zeugt dies von einer bemerkenswerten Kontinuität.

Gegen 1968 wird Rendls Malerei wieder weicher, fülliger, verliert etwas von ihrer abgeklärten Sprödigkeit, die sie in die Nachbarschaft des Kärntners Anton Mahringer und seines kristallinen Spätexpressionismus rückte. Sie hat nun auch ein Organ für das sinnliche Prangen der Natur. Vielleicht ging es ihm psychisch besser, vielleicht war es die Folge eines gelösteren Selbstverständnisses, dass nun alles viel direkter gesehen und lockerer umgesetzt wird, nicht mehr in einer verhaltenen und gebrochenen Palette, sondern in kräftigen, expressiven Farben. Neben der herben Melancholie der abgeernteten Äcker werden nun auch die blühenden Gärten und in Frucht stehenden Kornfelder geradezu bekenntnishaft einbezogen. Manchen Bildern – etwa dem blühenden „Quittenbaum" (Kat.-Nr. 137) oder dem „Mähdrescher" (Kat.Nr. 125) – sieht man es deutlich an, dass van Gogh – von Rendl im Katalogvorwort zu seiner Ausstellung unmissverständlich als „der eine Niederländer" angesprochen – derjenige Maler war, der ihn am stärksten bewegte. Die fein ziselierende Spachtelarbeit und abgeflachte Transparenz wird durch ein Mehr an pastoser Stofflichkeit aufgewogen, ohne dass die Landschaften deswegen profaner würden. Im asketischen Duktus schwingt, je mehr sich Rendls Leben und Schaffen dem Ende zuneigt, desto vernehmbarer, ein Frohlocken mit, eine positive Kraft, die sich ungemein lichtvoller, warmer Farben bedient.

Es überwiegen nun die engeren Landschaftsausschnitte. Diese Landschaften wirken weniger wie mit Teppichläufern ausgelegt, die streifigen Abschnitte des Geländes scheinen nun in festen Blöcken geschichtet. In prachtvoller Kompaktheit, einem Goldbarren vergleichbar, liegt das Kornfeld da, zum Greifen nahe wie die milchig blaue Wand des Himmels, aber gleichzeitig außerhalb irdischer Relationen stehend, unbetretbar wie ein Paradiesesgarten (Kat.-Nr. 195). Zum Lieblingsmotiv wird nun die Sonnenblume, der er eine geradezu sakramentale Aura verleiht. Mit ihrem Strahlenkranz ist sie für ihn das beredteste Sinnbild des Göttlichen auf Erden (Kat.-Nrn. 102, 132, 187). Aber auch die turmhoch wachsende Königskerze ist für ihn von hoher Symbolkraft (Kat.-Nrn. 115, 143, 183, 184). Den Übertritt in mystische Sphären vollzieht Rendl in einem seiner letzten Bilder, einem in kosmische Dimensionen versetzten Sonnenblumenstillleben, auf dem die Blüten wie Himmelskörper in einem Milchstraßensystem rotieren (Kat.-Nr. 176). Auf einem anderen Bild sind die leuchtenden Scheiben der auf einem violetten Geviert wachsenden Sonnenblumen wie lebendige Monstranzen zum Betrachter gewendet (Kat.-Nr. 193). Immer mehr wird Rendl zum Maler-Priester, der die Landschaft analog zu einem Altar gestaltet, der die Gotteslandschaft gewissermaßen als heiliges Amt zelebriert. Auch in der Pappelallee könnte man flammende Kerzen, die den Weg zum Heil flankieren, sehen (Kat.-Nr. 141). Dass diese eschatologische Perspektive vom Künstler selbst mehr oder weniger suggeriert wird, verdeutlicht ein Bild aus der spätesten Schaffensphase (Kat.-Nr. 185). In einer gänzlich auf abstrakte Flächensegmente reduzierten Landschaft nehmen hier verschiedene kirchliche Gegenstände und Gerätschaften den Platz von natürlichen Landschaftselemen-

*Georg Rendl: Dienten. 1968.
Hinterglasbild, 23 x 29 cm.
Gemeinde St. Georgen*

*Georg Rendl: Schloss Moosham. 1968.
Hinterglasbild, 23 x 29 cm.
Gemeinde St. Georgen*

*Blick vom Rendlhaus gegen Untereching, um 1967*

ten ein – Monstranz, Kelch, Gebetbuch, Feldaltar, Glocke usw., in abbreviaturhafter Wiedergabe. Die von diesen ausgehenden Koordinaten kommunizieren mit den von der Sonne und vom Himmel ausgesandten Strahlen. Im Kreuzungsbereich dieser Lineamente zieht ein Prozessionszug, der für die Pilgerschaft auf Erden steht, seine Bahn.

Freilich ist nicht jedes Bild in derart konzentrierter Weise vom Sakralen her determiniert, es gibt beim spätesten Rendl auch wieder verstärkt Werke, die an die stimmungsverklärende Auffassung der Zwischen- und Nachkriegszeit anschließen, die träumerische oder ganz vom unmittelbaren Erleben gezeichnete expressive Töne anschlagen, wie die schrundige Winterlandschaft mit seinem Haus, die das Gefährdete seiner Wohnsituation, in der er mehrfach von Hochwasser heimgesucht wurde, unter Verzicht auf jegliche Form der Verklärung, veranschaulicht (Kat.-Nr. 171).

Da bei Rendl stets mit starken Stimmungsschwankungen zu rechnen ist, die sich unmittelbar auf den Malprozess übertragen, kommen neben spätsommerlichen Jubelausbrüchen auch Bilder von hoffnungsschwacher Düsterkeit vor. Eineinhalb Jahre vor seinem Tod hat er sein eigenes Grab gemalt, auf dem eine geknickte Blume wächst und ein schütteres Weidenbäumchen das Kreuz vertritt (Kat.-Nr. 161). Das friedlich grasende Rind und ein großer Krähenvogel sind die einzigen stummen Zeugen, unter der Erdoberfläche, spiegelbildlich zu dem rührend kümmerlichen Grab, werden, sozusagen als Röntgenbild einstigen Lebens, neben einer Wurzelknolle menschliche Augen und Nasenansatz erkennbar, die oberen Partien eines unterirdischen Selbstporträts. Dann wieder findet Rendl zu elegisch gestimmter Ausgewogenheit, wie in dem Bild, das man auf seiner Staffelei vorfand, als er gestorben war: Ein schwarzes Feld, ein kahler Baum vor Föhnhimmel, dessen Laub sich in einen Schwarm von grünen

Vögeln verwandelt zu haben scheint, ergeben zusammen eine Rendls würdige Szenerie des Abschiednehmens (Kat.-Nr. 198).

Rendl hat sich in konsequenter Beschränkung als Maler nie über seinen engsten und engeren Lebensraum hinausbegeben. Der persönliche biografische Bezug, der eigene Erlebnishintergrund, nicht ein akzidentieller Eindruck, entschied über sein Interesse an der Landschaft, deshalb ist er geradezu fixiert auf seine nächste Umgebung, die er zu einer Passions- und Weltlandschaft stilisiert. Er suchte das in seiner Schlichtheit fast anonyme Landschaftsbild der Felder, Hügel und Berge, wie sie sein Haus umgaben, in das ganz spärliche Attraktionen gestreut sind, an denen das sich stets Gleichende doch wieder als konkrete Ansicht festgemacht werden kann. Fast immer sind die Kirchtürme die Angelpunkte, die als „Wahrzeichen" die Landschaft im wahrsten Sinn des Wortes überhöhen. Die Kirchtürme von St. Georgen, Ober- und Untereching, die Rendl vor seiner Haustür hatte, sind, vielfach auch als Trias vereint, die häufigsten und exemplarischen Protagonisten seiner Bilder. Das Anspruchslose, Vertraute dient ihm als Kulisse für seine visionäre Schau. Von der Landschaft seines Herzens hat uns Rendl in dem Roman „Ich suche die Freude" (Salzburg 1947, S. 92 f.) eine adäquate Beschreibung gegeben: „Als sie die flußumsäumende, immer lichter werdende Au schon fast durchmessen hatten, tat sich vor ihnen eine Landschaft von solch stiller und feierlicher Schönheit auf, daß sie, ohne einander aufzufordern, stehen blieben und staunend sich umschauten. Es war eine ganz einfache, durch keinerlei markante Eigenschaften unterbrochene Landschaft. Die auf dem langgestreckten Hügel stehende Kirche mit den zwei großen, von riesigen Bäumen umschatteten Häusern daneben fügte sich, ohne die Harmonie zu stören, in die bescheidene Stille dieses Landes. Ein paar rotdachige Häuser, da eines, dort eines, jedes in der ihm gemäßen Einsamkeit;

*Sonnenblumen in Rendls Garten, um 1967*

*Georg Rendl: Althofen / Maria Pfarr. 1968. Hinterglasbild, 23 x 29 cm. Gemeinde St. Georgen*

*Georg Rendl: Unbekannter Ort. Hinterglasbild, 23 x 29 cm. Gemeinde St. Georgen*

dort wieder eine Gruppe, ein Weiler und abermals ein paar verstreute Häuser, durch weite Äcker, weite Wiesen und buntlaubigen Baumgruppen voneinander getrennt; über und hinter allem die mild-dunkle Mauer des Waldes, der den Grat des Hügels bestand: das war die Landschaft, vor der die beiden Liebenden ergriffen stehen geblieben waren".

Die fast obsessive Fixierung auf den autobiografischen Hintergrund ist bei Rendl der Garant für die „innere Notwendigkeit" seines Schaffens. In diesem Kontext steht auch die Reihe von Selbstporträts, die künstlerisch auf der Höhe der Landschaftsbilder stehen, obwohl Rendl sich sonst im Figürlichen nicht erprobte. Die Ausnahme bilden seine Malereien zum Sonnengesang des Hl. Franziskus – der Heilige, mit dem er sich am stärksten identifizierte. Mit ihnen schmückte der schwerkranke Mann, der auch im Handwerklichen Staunenswertes zu leisten vermochte, mit fast kindlichem Enthusiasmus die Wände eines selbstgebauten Raumes, mit dem er sich eine eigene Kapelle schuf. Für diese Aufgabe war er schon rein physisch überfordert, sodass diese großflächigen Bilder nicht mit seinen Gemälden mithalten können. Das gilt auch für die sehr zahlreich vorhandenen kleinen Hinterglasbilder, die großteils recht nachlässig ausgeführt oder sogar von Gehilfen gemalt worden sind. Das volkstümliche Hinterglasbild stand damals in Mode, er liebte das Material und versprach sich reichlichen Absatz – im übrigen hat auch die Spachtelmalerei in dieser Zeit einen starken modischen Aspekt. Es schwebte ihm eine umfassende Topografie des Salzburger Landes vor. Diese Technik setzte ihm sichtlich zu wenig Widerstand entgegen. Die Selbstbildnisse hingegen hat er sich, wie es auch der bekenntnishafte Zug seines Schaffens logisch erscheinen lässt, immer mit größtem Einsatz abgerungen.

Das Selbstporträt im Spiegel mutet in seiner übersteigerten Realistik fast munchisch an (Kat.-Nr. 64), während dasjenige im gelben Anzug und mit Zigarette etwas Neusachlich-Distanziertes an sich hat und einen bohemienhaften Charme ausstrahlt, den die anatomische Unbekümmertheit noch erhöht (Kat.-Nr. 146); sparsam akzentuiert, betont existentialistisch im Habitus das im Auftrag des Museums Carolino Augusteum gemalte Bildnis, dem er schon eine posthume Bedeutungs-Aura zu verleihen trachtete (Kat.-Nr. 190); fast gespenstisch in seiner ganz auf das Geistige gerichteten Konzentration, seinem durchdringenden Ernst das Selbstporträt von 1965 – die Züge von Krankheit und Resignation gezeichnet, aber auch von Jenseitserfahrung durchleuchtet, leidensverklärt (Kat.-Nr. 81). Stets ging es Rendl darum, von denkerischer Anstrengung und durchlebter Passion Zeugnis abzulegen, der diesseitige Mensch ist in seinen Selbstdarstellungen völlig ausgeklammert. Dieses ausschließlich mönchisch-asketische Selbstverständnis fällt auf im Vergleich zu den Bildnissen, die Josef Schulz und Albert Birkle von Rendl gemalt haben (s. S. 26, 30, 31 in diesem Band), auch wenn man bedenkt, dass diese dreißig und mehr Jahre früher entstanden sind. Beide haben ihn viel sinnlicher und lebensvoller gesehen, als fröhlicher und lebensfroher Mensch wird er vielfach geschildert. Schulz hat ihn in blauer Glasbläsermontur gemalt, als Feuergeist, dessen Ungestüm durch eine kritisch abwägende Körpersprache in Zaum gehalten ist.

Diese wird in Birkles bedeutendem Porträt von 1935 zu fast provokanter Überlegenheit zugespitzt. Die lässige Arroganz verbindet sich, vor allem in den herabhängenden Händen, mit einem Leidensgestus, der durch ein volkstümliches Andachtsbild in Beziehung zur Opferrolle Christi gesetzt wird.

In einer späten Gruppe von Bildern verlässt Rendl die reine Landschaftsschau, gewinnt seine Erzähl- und Fabulierfreude doch noch einmal die Oberhand. Der autobiografische Bezug konkretisiert und verdichtet sich, schafft sich eine neuartige und originelle Bildform. Am Übergang stehen Bilder, in denen mehrere Ansichten einer Landschaft in einer sozusagen mehrstöckigen Komposition kombiniert werden (Kat.-Nrn. 97, 98). Auch hier schwindet der naturalistische Aspekt zugunsten einer Landschafts-Hieroglyphik, ohne sich ganz aufzulösen. Rendl wird noch radikaler, er breitet sein ganzes Leben, seinen persönlichen Kosmos in Form eines bunt zusammengewürfelten Bilderbogens aus, indem er ganze Szenenbilder und Episoden ebenso wie symbolträchtige Gegenstände einfachster Art, Tiere, einzelne Personen oder Heiligengestalten über die Leinwand streut. Jedes dieser teilweise winzigen Einzelmotive ist – fast wie bei einem Rebus – zu einem einprägsamen, signethaften Kürzel verknappt, wobei Rendl der Spachtel ein Äußerstes an Feinzeichnung abzwang. Am unverwechselbaren Umriss eines Sees oder Berges, an einer markante Kirchturmsilhouette erkennt man die immer wieder zitierten Lebensstationen (Kat.-Nrn. 147, 148, 149).

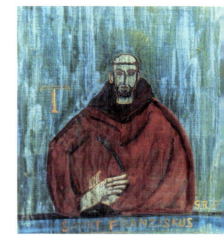

Georg Rendl: Sankt Franziskus. 1967.
Hinterglasbild, 23 x 29 cm.
Gemeinde St. Georgen

Man denkt an Klebebildchen oder Vignetten, die in Montagetechnik zusammengefügt sind. In der Zusammenschau verschwimmen die durch eine sorgfältige „Schnitttechnik" miteinander verknüpften „Spots" zu einer kaleidoskopartigen Wirkung (Kat.-Nr. 187). Von ferne erinnern diese Lebenspotpourris an die Kompositionsweise der Futuristen, der sich Rendl hier auf eine ganz und gar eigenbrötlerische Weise angenähert hat. Das gilt besonders für die beiden eindrucksvollsten Bilder dieser Werkgruppe, in denen sich die Komposition aus Bildsplittern mit einer dynamischen Raumvorstellung verbindet. Als Vorstufe dazu sind die als „Spannungen" bezeichneten abstrakten Bilder (Kat.-Nrn. 156–158) anzusehen. Das eine ist eine Apotheose des Glasbläserberufs, der für Rendl eine besondere Magie hatte (Kat.-Nr. 174). „Die Glasbläser von Bürmoos" heißt bekanntlich auch einer seiner besten Romane. Die obere Hälfte wird vom feurigen Element beherrscht, das

Königskerzen in Rendls Garten,
um 1967

*In Georg Rendls Atelier, um 1971*

breite Leuchtbahnen aussendet. Diese überwölben wie eine Kuppel Dorf und Umgebung von Bürmoos, deren Topografie wie Puzzleteile durcheinander purzelt. Zwischen beiden Sphären schwebt, die Einheit von Leben und Glauben verkörpernd, die Gestalt des Glasbläsers. Die visionäre Eindringlichkeit hebt die Darstellung über den Anlass eines lokalen Kultbildes hinaus. In dem Bild „Die trunkene Reise" (Kat.-Nr. 173), das auch „Die Reise ins Licht" heißen könnte, schweben die Erinnerungsfragmente – Rendl war immer ein leidenschaftlich Reisender gewesen – entlang von kurvigen Bahnen, die sozusagen Brücken ins Jenseits schlagen, immer lichteren Sphären zu. Es sind spindeldürre Gespinste, die gegenüber der intensiven Sogwirkung des ins Kosmische geweiteten Grundes kaum mehr ins Gewicht fallen. Das Stoffliche schlägt sich immer deutlicher nur mehr als brüchige Farbspur nieder – beispielsweise in der rätselhaften Traumvision von zwei badenden Gestalten an einem See (Kat.-Nr. 186); ob infolge physischer Gebrechlichkeit oder als sinnfälliges Zeichen irdischer Hinfälligkeit, ist nebensächlich angesichts der Höhenluft, die einem aus diesen letzten Bildern entgegenschlägt. Zur selben Zeit gelang es Rendl mit dem gleichnamigen Gedicht auch im literarischen Bereich noch einmal, ein nachhaltiges Zeugnis seiner Künstlerschaft zu setzen. Vereinzelte Momente aus diesem rhapsodischen Schwanengesang tauchen in seinen gemalten Lebensbildern wieder auf.

Arnold Nauwerck

# Georg Rendl als Maler

Zeugnisse, zusammengestellt aus seinem Nachlass

**Die frühen Jahre**

Georg Rendl war vielseitig begabt. Er war Poet und Erzähler, Theatermann und Maler, auch ein bisschen Musiker und gelegentlich auch ein bisschen Geistlicher. Bekannt wurde er durch seine Bücher. Selbst sah er sich stets in erster Linie als Dramatiker. Im Gegensatz zu seiner dichterischen Ader, die sich früh zu regen begann, schlummerte sein Maltalent während seiner ersten drei Lebensjahrzehnte und brach sich erst in den dreißiger und vierziger Jahren Bahn.

Freilich hatte er schon zu Schulzeiten den Blick für das Bildhafte. Beobachtungsgabe und Einleben in das Gesehene zeigen sich bereits in seinen frühen Schriften. Er sammelte Reproduktionen von Bildern, die ihm gefielen und legte sich eine „Bildnerei" an, auf die er stolz war und die er mit seinen Freunden beschaute. Als 15-Jähriger notiert er in seinem Tagebuch: „*Ich holte den Heribert* [H. Zulehner, zu dieser Zeit Rendls Busenfreund] *ab, weil er sagte, er komme zu mir heraus. Ja er kam und wir beschäftigten uns allerliebst. Wir suchten aus einem herrlichen Katalog die schönsten Bilder heraus und klebten sie sorgfältig auf Büttenpapier. Ein sehr dummer Mensch würde behaupten, das wäre eine nichtsnutzige Spielerei. Spielerei kanns ja gewesen sein aber sie hatte den Zweck, nein die Ursache, daß unser Auge feiner, schärfer im Beobachten, wurde. Wieder, beim Ansehen von künstlerischen Gemälden, ist man sich wieder bewußt, daß man Mensch ist. Prachtvoll, reizend, sind jetzt die Bildchen, wirklich so, daß sie uns erfreuen können*". Tagebuch 11. Jänner 1918: „*Tief, ganz dunkelblau, waren die bayrischen Berge, als ich in der Frühe zur Schule ging. Wenn das ein Maler gemalt hätte, das Blau der Berge, ich glaube fast, man hätte geglaubt, daß das unmöglich wäre*". Tagebuch 20. Mai 1920: „*Schön ist der Morgen angebrochen, und gestern in Gedanken meist bin ich eingeschlafen. Alles war dunkel. Und plötzlich ein Brand vom Himmel, die Gegend und die Farm hell, mit gelbem Lichte gefüllt, langes Leuchten und dann Dunkelheit wieder. – Oder brennen die Augen von der Helle, oder der plötzlichen Dunkelheit …*".

Obwohl Georg Rendl bereits damals mit dem späteren akademischen Maler Wilhelm Kaufmann eng befreundet war und im Laufe der Zeit mit zahlreichen Malern Bekanntschaften schloss, kam ihm noch nicht der Gedanke, auch selber zum Pinsel zu greifen. Zwar meint der 15-Jährige in seinen Tagebuchnotizen: *„Ich merkte, daß ich etwas zeichnerisches Talent hätte"*, oder auch: *„... gar keine ungeschickte zeichnerische Hand habe ich"*. Aber im Zeichnen brachte er es doch nur auf die Note 3. Tuschzeichnungen am Rande seiner Manuskripte von 1919 bis 1922 weisen ihn nicht gerade als geschickten Zeichner aus. Auch noch viel später bleiben seine gelegentlich gezeichneten Figuren unsicher gestrichelt und unproportioniert. Sorgfältig ausgeführt und liebevoll koloriert sind jedoch Umschlagsbeschriftungen seiner Zeitschrift „Der Foehn" oder seiner Tragödie „Tuberkulose" aus den Jahren 1919/1920.

Ganz anders verhielt es sich mit Farben. Augenmensch, der er war, bedeuteten sie ihm mehr als die genaue Form. Mit ihnen konnte er umgehen. Aber Unschärfe gehörte zu seiner künstlerischen Auffassung. Einmal berichtet er – es muss sich auch um dieselbe Zeit gehandelt haben –, wie der Zeichenlehrer die Schüler zum freien Malen ausgesandt hatte. Der junge Rendl hatte sich eine malerische Ecke Alt-Salzburgs als Objekt ausgewählt. Als er da stand und malte, näherte sich ihm ein junger Mann, gab sich als akademischer Maler zu erkennen, bat, Rendl zusehen zu dürfen und lobte sein Bild über die Maßen. Leider erfahren wir weder, was aus dem Bild wurde, noch wer jener Maler gewesen ist. Man darf annehmen, dass das Bild farbstark und abstrahierend ausgefallen war. Vom Zeichenlehrer erhielt es ein vernichtendes Urteil.

Die Malerei erscheint als Thema auch in Georg Rendls frühen Schauspielen und Novellen. Einmal ist der Held selbst ein begnadeter Maler, ein anderes Mal tritt er als Gegenstück zum Dichter auf. In einer Groteske, „Gesindel" von ca. 1920/21, sind seine Personen: *„... der Dramatiker – hart, der Schriftsteller – melancholisch, der Poet – ordinär, der junge Poet – eifrig, der Maler – überdrüssig ..."*. Noch in seinem Roman „Ich suche die Freude" von 1951 ist der Held ein Maler, eine andere Hauptfigur der Dichter.

Der erste unsichere Beleg dafür, dass er sich als Maler versuchte, stammt von 1922. An seinen Freund Josef Kaut schreibt er aus Bürmoos am 31. Juli: *„Ich habe in letzter Zeit einige Bilder gemalt, die Du Dir ansehen solltest"*, gibt dazu aber keine weitere Erklärung.

Indessen nehmen seine Malerfreunde immer wichtige Stellung für den künstlerischen Gedankenaustausch ein. Als erster persönlich greifbar wird „Gogo" (Eugen) Wydininski aus Wien. Die Bekanntschaft kam wahrscheinlich durch Josef Kaut zustande, den Rendl in Wien öfters besuchte. Wydininski war wohl eher Gebrauchsgrafiker. Als Maler scheint er in einschlägigen Lexika nicht auf. Mit Georg Rendl und dessen derzeitiger „Braut" Mara Spindler verbrachte „Gogo" die Weihnachtstage 1923 auf der Bürmooser Bienenfarm. Anschließend besuchte ihn Rendl in Wien. Der Besuch in Bürmoos fand seinen Niederschlag in seinem „Wintermärchen". Darin charakterisiert er Wydininski: *„Mein Freund Gogo (so wurde er stets genannt) ist Maler. Er sieht aus wie ein Faun in modernen Kleidern, ist klein und hat ein schmales Gesicht, das vorallem eine kräftige schmale Nase beherrscht. Seine Augen scheinen fortwährend zu messen und zu prüfen. In seinem Geiste komponiert er ohne Unterlaß prächtige, farbenfrohe Bilder, während er meist für Kaufleute Geschäftskarten, Kataloge und Schutzmarken zeichnen muß"*.

Im Nachlass Rendls finden sich einige Aquarelle Wydininskis von 1923, u.a. das Kirchlein von Maria Bühel bei Oberndorf, auch der Wiener Stephansdom 1936. Auf einem Foto, das seinen Anfang 1925 ausgestellten Reisepass ziert, sieht man den jungen Rendl in eleganter Kleidung in seinem Dichterzimmer stehend, im Hintergrund Regale mit seinen Manuskripten (manche der von ihm selbst gefertigten Ordner sind noch vorhanden), sowie ein gut gelungenes Porträt, das ihn mit wilden Locken à la Strindberg und sogar offensichtlich im selben gestreiften Hemd darstellt, das er bei Gelegenheit des Fotos trägt. Das Bild ist verschollen, und es ist nicht bekannt, wer der Künstler war. Es könnte Wydininski gewesen sein. Der letzte nachweisbare Kontakt zwischen den beiden ist eine Karte von Wydininski aus Mariazell 1941.

An seinen Freund Josef Kaut schreibt Rendl am 26. Mai 1924 eine Betrachtung über die Kultur der Zeit: „*Es geschieht doch Großes, lieber Kaut! Wir sind im Anfangsstadium – es ist viel Bewegung. Dem Drama, dem Du Unplastik vorwirfst, tust Du sehr unrecht! Überlege einmal, was unplastischer ist: ein Sudermann (der doch der Typus seiner Zeit ist) oder ein Brecht! – Das Gemälde, das ja elementar auf die Ebene angewiesen ist, will doch nimmer wie ehedem Idyllen darstellen, farbig sein, Lichteffekte markieren – es will Bewegung – Bau – Idee und Architektur sein! Unsere Kunst gibt dem Ausdruck des Dinges Form! Sie überwindet das Ding und zeigt das Verhältnis des Dinges zur Idee des Dinges – gestaltet also nicht das Ding nach, sondern belebt es, ruft es zur Bedeutung! Das will doch etwas heißen!*"

Zu den frühen Maler-Freunden Georg Rendls gehören neben Kaufmann und Wydininski auch Paul Reiffenstein und ein J.R. Kiegl. Keiner der beiden letzteren scheint Rendl in künstlerischer Hinsicht beeinflusst oder zum Malen stimuliert zu haben. Die Beziehung zu Reiffenstein scheint über Bertha Funke zustande gekommen zu sein. Persönlich verband Rendl und Reiffenstein das gemeinsame Interesse an der Kunst. Kiegl scheint in Rendls nachgelassenen Schriften überhaupt nicht auf, jedoch befinden sich im Nachlass einige naiv-naturalistische Aquarelle Kiegls von 1926 bis 1950, aus dem letzten Jahr ein Bild des Rendlhauses in St. Georgen.

### Richtungsweisende Freundschaften

Seine wichtigsten Maler-Freundschaften schloss Georg Rendl indessen erst 1928/29, als er vor allem durch den Kulturmäzen Alois Grasmayr Zugang zur Salzburger Kulturszene fand. Am bedeutendsten wurde die Freundschaft mit dem Sozietätsmaler Josef Schulz. Hervorzuheben sind auch der Passauer Georg Philipp Wörlen und der Wahl-Salzburger Albert Birkle. Alle drei haben Georg Rendl z.T. mehrfach porträtiert. Am bekanntesten sind die Bilder von Schulz. Dessen erstes Ölgemälde von Rendl entstand in der ersten Jahreshälfte 1929. Eine Kohlezeichnung war dem Bild vorangegangen. Bertha Funke schreibt am 4. Juli 1929 an Georg Rendl im Hause Grasmayr in St. Gilgen: „*Gestern traf ich Zweig im Bazar, er war wie immer, liebenswürdig. Schulzlein begegnete mir auch nach langer Zeit wieder einmal u. er versprach mir, Dein Bild zu firnissen ...".* Am 10. Juli 1929 holt sie das Bild ab und schreibt: *"Also ich finde es sehr gut, es steht vor mir u. ich ergötze mich daran. Beethoven! Im Ausdruck, doch ähnlich mit der Zeichnung von Schulz".*

Ein weiteres Gemälde entstand im Herbst 1931. Gleich nach der Rückkehr von seiner Lesereise, die ihn bis nach Königsberg führte, schickt Georg Rendl eine Mitteilung an Bertha Funke: *"Seit 2 Uhr bin ich da. Ich habe daheim bei meinen Leuten gegessen. Und nun muß ich in die Stadt auf die Post die Korrektur des Bienenromans aufgeben. Am Schreibtisch liegt ein zweites Exemplar! Ich bin bis spätestens 4 Uhr da – ich tummle mich sehr. Schulz wird mich morgen malen, bei uns heraußen. Großes Bild 72 x 90 cm ...".*

Vom Briefwechsel der Freunde ist kaum etwas erhalten. Im Gegensatz zu anderen Freundschaften Rendls, die sich in ernsthaftem und tiefsinnigem Meinungsaustausch niederschlagen, scheint das Verhältnis zu Schulz eher auf gleichgesinnte Munterkeit und den Austausch von Scherzen, aber doch auch auf katholischen Gemeinsamkeiten gegründet zu sein. Jedoch dürfte es in erster Linie die Freundschaft mit Schulz gewesen sein, die Rendl zur Malerei inspirierte. Denn von Anfang der dreißiger Jahre stammen seine ersten Gemälde, farbenfrohe, aber noch ziemlich naturalistische Blumenstücke.

Freilich hat Schulz, zufolge einer Anekdote, Rendl bei dessen Versuchen einmal sehr verletzt, was diesen veranlasste, den Pinsel auf lange Zeit wieder wegzulegen: "Schurl, malst schon wieder! Halt dich lieber ans Schreiben, des kannst besser!" Unbekannt ist, wieweit diese Episode die Freundschaft trübte und wann sie sich ereignete. Zu seiner Hochzeit mit Bertha Funke am 1. Februar 1934 hatte Georg Rendl den Freund jedenfalls als Trauzeugen gebeten. Die künstlerischen Aktivitäten der beiden scheinen sich aber in den folgenden Jahren nicht mehr berührt zu haben. Jedoch gab es in der Nachkriegszeit eine Zusammenarbeit in der Salzburger Kulturarbeit. Tagebuch Sommer 1945: *"Am 24. Juli habe ich nach sehr langer Zeit Schulz aufgesucht. Sein Geltungsbedürfnis ist unheimlich und fast erschreckend. Er gibt sich den Anschein, als hole die ganze Welt bei ihm Rat und als befolge man in allen Anordnungen und Verfügungen nur seine Befehle. Schulz ist bestimmt geisteskrank, was seiner Genialität keinen Abbruch tut. Ich möchte ihn ob seiner Charakterschwäche nicht mehr zu meinen ‚Freunden' zählen, was nicht ausschließt, daß ich mich freuen werde, wenn ich etwas von ihm erfahren sollte, was vorteilhaft für seine Persönlichkeit ist".*

Die Freundschaft Rendls mit Wörlen begann ebenfalls 1929 und fußte auf der Freundschaft beider zu Richard Billinger, dem Dichter, der Rendl in vielerlei Beziehung den Weg geebnet hatte. Der Briefwechsel beginnt mit Grußkarten Wörlens an Rendl 1929. Am 4. Dezember 1929 schreibt Wörlen an Georg Rendl, Mönchsberg 8 in Salzburg: *"Es freut mich, daß Du Lust hast, meine Heiligen zu sehen ... Also auf nach Passau!"* Rendl kam jedoch diesmal nicht, denn am 28. Dezember schreibt Wörlen: *"Mein lieber Freund Rendl, warum bist Du nicht zu meinen Heiligen gekommen? Sie warten immer noch auf Dich und freuen sich sehr, Dich zu sehen. Jetzt kannst Du ja kommen, nachdem Du ein reicher Mann bist, soviel ich von Billinger hörte. Meine Gratulation!!!"* Der „reiche Mann" dürfte sich auf den Einstieg Rendls beim Insel-Verlag beziehen, der damals zustande kam. Anfang Mai 1930 weilte Rendl dann ein paar Tage in Passau zu Gast bei den Wörlens. Bei dieser Gelegenheit verfertigt Wörlen auch ein paar Porträtzeichnungen von ihm. Am 5. Mai schreibt Rendl an Bertha Funke „*bei einer Maß Weißbier auf der Dult*": „*Ich bin nett aufgenommen worden. Woerlens Bilder sind sehr schön, rein in der Farbe. Woerlens Kommentare lang. Vielleicht werde ich das allgemein Bürgerliche, die spießige Mentalität dieses guten Malers auch in Kauf nehmen können*". Aber er fühlt sich wohl. Am 7. Mai 1930 schreibt er Bertha aus dem Café Stadt Wien in Passau: „*... Es ist sehr schade, daß Du nicht eher als Samstag kommen kannst. Hier sind viele Menschen so sehr nett und abgesehen von der Familie Woerlen, mit der ich nun doch guten Kontakt gefunden habe, ist der junge (36 jährige) Dichter Peinkofer da, mit dem ich gut in Freundschaft bin ...*". Am 22. Mai 1930 schreibt Wörlen an Rendl: „*Daß Zweig sich über Deinen Roman „Vor den Fenstern" gut geäußert hat, freut mich ebenfalls sehr. Gute Fahrt!!! Nur feste weiterarbeiten, mit der Arbeit kommt der Segen ...*". In der Folge geht eine Anzahl Kartengrüße hin und her mit Einladungen, aus denen aber meistens nichts wird. Im August 1931 bietet ein Freund von Wörlen, Robert Moritz, Georg Rendl Betreuung und Besorgung von Unterkunft für seinen Leseaufenthalt in Stuttgart im September an.

Am 3. Dezember 1932 dankt Wörlen für den „Sommer" (Georg Rendls Roman „Darum lob ich den Sommer" war soeben bei der Deutschen Verlagsanstalt in Stuttgart erschienen): „*Da hast mir, lieber Paul Distel, einige kurze, frische, herrliche Lebensstunden geschenkt. Oft mußte ich herzlich lachen, weil ich Dich lebendig vor mir sah ...*". Wörlen erkennt richtig Georg Rendls alter ego in Paul Distel, der Hauptperson des Sommer-Romans. Im Sommer 1933 ist die Rede von der „Triftsperre" nahe Passau, dem Gasthaus wo Georg Rendl sich ein paar Mal einquartiert hat, um in Ruhe schreiben zu können. Unklar ist, ob das damals bereits geschehen war oder noch geschehen sollte. Devisenbeschränkungen erlaubten zu diesem Zeitpunkt zunächst keine Besuche. Wörlen am 19. Januar 1934: „*Kommt bald zu uns nach Deutschland, es ist jetzt zweifelsohne schöner, sauberer, ehrlicher in diesem geworden. Ich hätte es zuvor nie gedacht. Die Arbeit, die ehrliche, zählt wieder. Natürlich muß man alles in großen Zügen sehen. Es ist klar, daß man in einem Jahr nicht alles sofort wieder gut machen kann. Aber es geht etwas vor sich ...*". Rendl am 4. Februar 1934: „*Wenn die Umstände es erlaubt hätten, wären wir gerne und bestimmt nach Passau gekommen ... Ihr gehört ja doch zu unseren wenigen und liebsten Freunden ... Sobald sich die Grenzen auftun, werden wir ja wieder zueinander kommen ...*". Aber Georg Rendl schickt den angekündigten, ausführlichen Brief nicht, und es entstand eine Briefwechselpause von mehr als einem Jahr. Es scheint zu Missstimmungen offensichtlich politischer Art gekommen zu sein, denn Rendl schreibt am 24. Oktober 1935: „*Ich bin ganz bestimmt kein ‚Klerikaler', kein ‚Christlich-sozialer', ich verabscheue vielmehr alle Kriecher und Kerzelbrüder, von denen ich täglich einen Schwerthieb auf meine Gläubigkeit erhalte. Ich bin glühender Katholik, und ich werde, wenn ich gewappnet sein werde, gegen die Heuchler, die nur den Glauben und die Kirche schänden, losziehen ...*". Darauf Wörlen am 10. November 1935: „*Du schreibst,*

*Du bist glühender Katholik und ich muß Dir sagen, ich bin glühender Deutscher. Und so arbeiten wir beide aus einer Glut heraus. Es dreht sich ja immer nur um die Glut, die von Gott geschürt wird. Denn einer der aus dem Boden heraus, auf den ihn der liebe Herrgott gesetzt hat, arbeitet, ist mit Gott. Wir sind ja immer um ihn, so oder so. Nur müssen wir gut und demütig sein, wir müssen aber auch seine Kraft verspüren und müssen durch diese Werke schaffen. Und so entstehen gerade Werke in unserem schönen Deutschland wie nie zuvor. Deutschland ist aber auch gerade wieder wahrhaft religiös und darum gottbegnadet. Die wahrhaft große christliche Nächstenliebe offenbart sich in dem großen deutschen Winterhilfswerk göttlicher wie je zuvor. Die Kirche dagegen hat glattweg versagt und wenn, dann hat sie nur Almosen gegeben. Und jetzt gibt es keine Almosen und keine Bettler mehr, es gibt bei uns nurmehr gleichgeachtete, von Gott für das deutsche Land geschaffene Menschen. Ein positives Christentum! Daß ich dies noch erleben durfte, macht mich schaffensfroh und Gott dankbar ..."*. Rendl, auf den Brief Wörlens nicht eingehend, teilt am 18. Dezember 1936. u.a. mit, dass Beate (Bertha Rendl) dabei sei, sich ein Kleid zu weben: *„Ich werde mir dann später auch einen Anzug weben ... So machen wir es, um unsere völlige Unabhängigkeit zu wahren ... Wir haben ja vor, im nächsten Jahr für einige Zeit nach Deutschland zu kommen, aber zuvor muß ich die finanziellen Dinge erledigen und meine Sperrmark freikriegen"*. Es knirscht aber weiter in der Beziehung. Wörlen am 20. Dezember 1936: *„Ich hab mir doch gedacht, daß die Schweigepause zwischen uns nicht allzu lang anhalten kann. Ich kenne Dich doch, Du kannst doch gar nicht so kleinlich sein, Du bist doch ein feiner großer Mensch und Künstler ... über unser beiden Leben und Trachten steht ja Gott als Höchstes. Ich halte mich und spreche zu unserem Schöpfer direkt und Du machst das über die Kirche. Das Endziel ist dasselbe ... Und jetzt, wo ihr uns wieder gut seid, kommen wir auch mal zu Euch ..."*. Große Pause, dann Rendl am 22. Juni 1937: *„Wir haben vor einigen Tagen mit großem Verdruß gehört, daß die liebe Frau Grete [Frau Wörlen] uns in Bürmoos besucht hätte und daß meine Schwester sich so unlieb benommen hat [a.a.O.: sie gab vor, Rendls Aufenthaltsort nicht zu kennen]. Wir haben nur die eine Bitte, uns nicht mit ihr zu identifizieren, denn schon längst haben wir mit meiner Familie, die uns allzu große Sorgen und Schwierigkeiten gemacht hat, gebrochen ..."*. Ohne Datum aber mit Originallithographie Wörlens von 1938: *„Mein lieber Rendl! An erster Stelle beste Erwiderung der Weihnachts- u. Neujahrswünsche! Glück im neuen Heim und Wagen! – Daß Beate 2mal schwer verunglückt ist, tut uns sehr leid. Nun es ist noch gut abgegangen. – Und nun eine kleine Auseinandersetzung! Besteht denn nicht eine Kluft in unserer Freundschaft? Wieso dann immer das langanhaltende Schweigen? – Ich denke Du bist gegen den Nationalsozialismus, und ich bin Nationalsozialist. – Ich kann mich nicht mehr ändern; und Du? Wohl auch nicht? Und so müssen wir wohl aneinander vorbeileben. Oder? Herzliche Grüße Dir wie Beate auch von Grete. Heil Hitler! Schorsch"*.

Darauf versucht Georg Rendl am 27. Dezember 1938 in einem langen Brief sich als unbedingter Anhänger der Nazis und als Antisemit darzustellen, distanziert sich vom politischen Katholizismus und behauptet, „chronisches Nichtmitglied der österreichischen Vaterländischen Front" gewesen zu sein (was nur insofern stimmt, als er nach seinem Beitritt in dieselbe, typisch für Rendl, seine Beiträge nicht bezahlt hat), und dass er und seine Frau für den Anschluss gestimmt hätten. Er versteht nicht, warum Wörlen „*offensichtlich versucht* [*hat*]*, mir Schwierigkeiten zu bereiten. Heil Hitler*". Im Klartext: Rendl fürchtet, dass eventuelle Zensur die Feststellung Wörlens, er, Rendl, sei gegen den Nationalsozialismus, zu seinem Nachteil an Nazikreise weitergeben könnte. Dass er Wörlen diese Absicht unterstellt, spricht allerdings gegen die Aufrichtigkeit seiner Freundschaft. Mit Wörlens erleichterter Antwort vom 29. Dezember 1938 hört der Briefwechsel jedoch auf. Es folgen nur noch Neujahrskarten von Wörlens Sohn Hanns Egon Wörlen 1956 und 1958. Im übrigen erinnert sich Egon Wörlen Georg Rendls als eines „sehr gütigen Menschen" (E. Wörlen mündlich zum Verfasser).

Anderer Art war die Beziehung Rendls zu Albert Birkle. Der erhaltene Briefwechsel beginnt erst nach dem Krieg und die beiden waren offenbar nie per Du. Die Bekanntschaft muss aber schon Anfang der dreißiger Jahre entstanden sein, denn Birkle hat 1934 das wohl bekannteste Porträt Georg Rendls geschaffen. Es ist heute im Besitz des Salzburger Museums Carolino Augusteum (s. S. 26 in diesem Band). Frau Bertha Rendl mochte den Rendl nicht, den Birkle da wiedergegeben hatte. Am 5. Juli 1944 schrieb sie an ihren schwierigen Gatten, der in St. Johann in Tirol Militärdienst tat: „*Du warst früher mit allen Deinen Eigenarten, die mir fremd waren, ein guter, herzensguter Mensch. Das war es, was mich an Dich fesselte. Jetzt? Jetzt bist Du bar aller Güte, aller echten, aufrichtigen Wärme u. Liebe. Bist Du wirklich wie Dein Vater? Entsetzlich, grauenhaft, angsterregend. Ich weiß nicht, warum ich jetzt öfters an das Bild denken muß, das Birkle von Dir gemalt hat. Als ich es damals sah, dachte ich mir, es ist sonderbar, daß er Dich, wo Du doch so gut bist, so brutal im Ausdruck darstellt, und es lief mir kalt über den Rücken dabei*".

Am 6. Juli 1946 teilt Birkle Rendl mit, dass ein Fräulein Dr. Hoffmann bei ihm war und in „Alpenjournal" oder „Woge" etwas über ihn, Birkle, schreiben möchte. Er möchte eine Reproduktion vom Bildnis Georg Rendls hineinbringen. – Gleichzeitig zeigt sich Birkle sehr an einem von Rendl in Aussicht gestellten Auftrag interessiert (Buchillustration).

Am 19. April 1947, Birkle an Rendl: „*Lieber Herr Rendl, mit großer Freude haben wir gelesen, daß Ihr Paracelsus hier vom Theater erworben worden ist und wohl auch aufgeführt wird. Wir gratulieren herzlichst und hoffen auf großen Erfolg. Die Dekorationen sollten Sie aber nicht von Herrn Richter machen lassen, sondern von Birkle, oder Ihre Frau soll sie entwerfen, damit es eine große Sache wird ...*". In der Tat war Frau Bertha künstlerisch nicht unbegabt. Der letzte Briefkontakt ist von 1954 anlässlich der Aufführung eines Rendl-Stückes im Dezember 1954 in Salzburg („Bleien Sie bei uns Vianney"), das Birkle gut gefallen hat.

Zu erwähnen sind noch zwei Namen, auch wenn sie auf Georg Rendls künstlerischem Werdegang kaum Einfluss hatten, nämlich Bülow und Czank. Zum ersten notiert Rendl am 1. Mai 1929 in seinem Tagebuch: „*Gestern Franz Bülow, den Maler kennen gelernt ...*", und am 6. Mai: „*Bülow wird mir das Umschlagblatt meiner ab September erscheinenden Privat-Monats-Schrift zeichnen*".

Diese Privat-Monatsschrift war eines der zahlreichen Projekte Rendls, aus denen nichts wurde. Seit seinen Foehn-Tagen hat Rendl immer wieder, jedoch mit geringem Erfolg, versucht, Kulturzeitschriften zu starten.

Elsa Czank war eine Wiener Kunstmalerin, die Rendl Anfang der dreißiger Jahre kennenlernte. Sie war eine unbedingte Bewunderin seiner Dichtkunst und persönliche Verehrerin. Sie besuchte die Rendls öfters in St. Georgen und versah Georg Rendl während seiner Militärzeit regelmäßig mit „Liebesgaben": Zigaretten, Tabak, Kaffee, Süßigkeiten usw. Nach dem Krieg ließ Rendl die Beziehung einschlafen. Frau Czank erfragte ihn schließlich durch den Dechanten von St. Georgen, und der Briefwechsel kam wieder in Gang. Er endete 1957 mit Frau Czanks Tod.

## Die Kriegsjahre

Erst in den vierziger Jahren hat Georg Rendl ernsthaft zu malen begonnen, verstand die Malerei aber durchaus nur als eine Liebhaberei. Die wenigen Belege für diese Tätigkeit finden sich praktisch nur im Briefwechsel mit seiner Frau. Gegenüber Dritten erwähnt er sie fast nie. Nur kunstinteressierte Kameraden an der Gebirgssanitätsschule in St. Johann in Tirol sind seine Gesprächspartner. Besonders nahe Freunde wurden ihm dort Max Kammerlander, Lehrer und Schriftsteller aus Innsbruck, Albert Rauch, Lehrer und Maler aus Schlins in Vorarlberg und Fritz Koch, Theologe aus Freiburg im Breisgau. Für die Freunde ist die Kunst Ablenkung vom tristen militärischen Alltag und das Gespräch darüber Erholung und Trost.

Konkrete Hinweis auf malerische Aktivitäten erscheinen erst 1943. Zwar hatte er in St. Johann relativ viel freie Zeit und auch Raum für die Ausübung seiner Malerei, aber in Lienz, wo Georg Rendl 1941 lag und auch große Freiheiten genoss, oder in Salzburg 1942, wo er schon fast zivil Dienst tun konnte, gibt es keinerlei Hinweise dafür, dass er gemalt hätte. Der erste Beleg stammt vom 14. April 1943, wo er seiner Frau mitteilt, dass er Samstag und Sonntag mit den Kameraden Rauch und Kammerlander auf einen Berg gehen und vielleicht malen möchte. Kammerlander, Rauch und Rendl sprachen über den Heiligen Christophorus, den Rauch für Fritz (Koch) malen wollte: *„Es war nun überaus aufschlußreich, wie verschieden wir drei den Heiligen sahen ... Max würde ihn ein wenig gebeugt, aber doch fröhlich darstellen. Rauch machte eine Skizze: Der Heilige trägt das Kind auf dem Arm und schreitet frohgemut, ganz ungefährdet durch den Strom. Ich habe eine Skizze gemacht: Christophorus rastet einen Augenblick, tief, tief gebeugt unter der Last des Christkindes, er hält die Hände zum Gebet um den Stock gefaltet, das Gesicht ist bekümmert, aber die Augen strahlen in demütiger, innerer Andacht. Und das ist vielleicht meine Situation ... Man muß viele Siege im Tage erringen, aber die größten erringt uns der, den wir als Last tragen".*

8. Mai 1943. Georg teilt Bertha Rendl mit, er hätte gestern in der Mittagspause eine Landschaft „St. Johann" gemalt, und wer das Bild sähe, sei davon begeistert. Selber freue ihn, dass es ihm gelungen sei, das innere Bild, das er

von diesem Blick hat, malerisch auszudrücken. Heute habe er auch ein kleines Blumenstück gemalt. 19. Juni 1943. Georg an Bertha Rendl: *„Ich möchte jetzt wieder malen, das heißt, mich in das Abenteuer der Farbe stürzen. Ich brauche immer eine Aufgabe, in der ich ganz aufgehe und in die ich versinke, denn nur so ist das in mir lauernde Chaos zu bändigen ...".* 20. Juni 1943. Georg an Bertha Rendl: *„... dann habe ich doch gemalt, ein Feldblumenstück – jetzt wird es dunkel und ich sehe, daß es mir nicht ganz gelungen ist. Vielleicht male ich morgen daran weiter".* 31. Juli 1943. Georg an Bertha Rendl: Nach der Ankunft in St. Johann *„... ging ich gar nicht erst zum Dienst, sondern habe 2 Stunden gemalt . Am nächsten Tag nachmittags bis 1/2 7 gemalt. Nun habe ich die beiden Bilder fast fertig – morgen noch eine Stunde dann gehören sie Dir ... So sehr es mich drängt, zu malen, so werde ich doch die Kraft, die dazu gehört, in meine eigene Kunst, in die Dichtung umleiten, denn das Malen soll doch bei mir an zweiter Stelle stehen".*

Tagebuch Rendl am 1. August 1943: *„Sonntag. Warum male ich nun mit schierer verzehrender Leidenschaft? Warum raste ich nicht eher, bevor das, was ich bildlich darstellen und ausdrücken will, so ist, wie es mir im Geiste vorschwebt, wie es in mir schon fertig ist? Ich gehe dem Unfaßbaren in mir nach und fasse es schließlich doch einigermaßen und bemühe mich, es durch Form und Farbe darzustellen. Nicht anders ist es in der Dichtung. Aber warum male ich jetzt? Vielleicht weil das Malen mich rapider als das Schreiben aus dem Aktuellen dieser Zeit hinaushebt und mich, mindestens für die Dauer dieser Betätigung, völlig an mein inneres Gesicht als Objekt fesselt. Ich muß als Maler viele Hindernisse überwinden: ich habe viele Leiden zu bestehen, aber es sind Leiden höherer Natur, und es ist Sinn darin, ein erkennbarer Sinn, sehr im Gegensatz zu den Leiden, die ich als Soldat zu bestehen habe. Welcher Sinn ist dahinter? Ich kann ihn nicht finden, es erscheint mir sinnlos. Ich fliehe ja aus der ‚Uniform' in die mir gemäße und angemessene Lebensform: die Kunst".* 18. August 1943. Bertha an Georg Rendl: *„Mit Deinen Bildern habe ich große Freude, ich finde sie sehr fein ...".* 1. September 1943: Bertha betrachtet Georgs Bilder täglich und freut sich daran. Georg an Bertha Rendl: *„Warum male ich eigentlich, frage ich mich oft, und ich meine es ist nur deshalb, um überhaupt mich irgendwie künstlerisch zu betätigen. Vielleicht ist es nur der Form- und Gestaltungswille, der mich triebhaft dazu drängt. Das Schreiben erfordert ja gründlicheres Nachdenken, erfordert vielmehr das, was man Stimmung nennt, während das Malen doch impulsiver vor sich geht und mehr handwerklich bedingt ist".* 11. Juni 1944: Gestern habe Rendl auch begonnen, ein Bild zu malen. Er mache auch im Malen große Fortschritte. 13. Juni 1944: Wieder ein Flugtag. Rendl und Kameraden hätten bis 750 Flugzeuge gezählt. Er flüchte sich in die relative Einsamkeit der Malerei. 23. Juni 1944: Rendl warte auf schönes Wetter, damit er abfahren könne. Er habe Samstag Mittag bis Sonntag 24 h Dienst, er werde dabei seine Bilder fertig malen können. 11. Juli 1944: Das Bergbild sei nun fertig, Rendl beschäftige sich derzeit mit einem Landschaftsbild. 19. Jänner 1945: Gestern habe Rendl einen freien Nachmittag bekommen und sinnvoll mit dem Malen von zwei Bildern verbracht, die besser würden als die bisherigen. Auch ein Gedicht sei entstanden, das er mitbringen wolle. Am morgigen Samstag werde er malen und schlafen.

Bislang sind von den Bildern, die Georg Rendl in den Kriegsjahren geschaffen hat, noch keine dingfest gemacht worden. Etliche mag er verschenkt, einige verkauft haben. In seinem Nachlass sind keine aus dieser Zeit nachgewiesen.

Es gibt einen unsicheren Hinweis auf malerische Tätigkeit in der unmittelbaren Nachkriegszeit. Freund Rauch schreibt 1946 an Rendl, er freue sich, dass dieser nunmehr als „Zeichenprofessor an der Schule" tätig ist, obgleich er doch so gut sei, dass er seinen Unterhalt auch als freier Künstler erwerben könnte. Rendl selber äußert nirgends, dass er als Lehrer gewirkt habe. Zwei Indizien deuten an, dass Rauchs Meinung richtig gewesen sein könnte: Erstens gibt Rendl bei seiner offiziellen Entlassung aus der deutschen Wehrmacht durch die Amerikaner im Herbst 1946 St. Pantaleon als seinen Wohnsitz an. Zweitens wird er in einem Mahnschreiben seitens des Bezirksgerichts in Oberndorf, allerdings ein paar Jahre später, als Schulprofessor und sein Arbeitgeber als das Bundesministerium für Unterricht angesprochen. Das erste kann aber ein Zufall sein und das zweite ein Irrtum, und Rauchs Meinung kann durch Rendls eigene Irreführung entstanden sein; es wäre nicht das erste Mal gewesen, dass er Freunden etwas vorflunkert.

Tagebuch, 13. Februar 1946: *„Ich muß mich absolut vom Landschaftlichen entfernen, es schränkt ein, hemmt den Lauf der Erzählung und ist, das wird mir immer klarer, Angelegenheit der Malerei. Stifter war der letzte, der Landschaft um ihrer selbst willen ‚schreiben' durfte und konnte. Ich möchte sie vollends überwinden. Ob ich es kann? Vielleicht ist es so, daß die Landschaftsschilderung den Geist zu sehr lokalisiert? Ach, und dann habe ich all das ‚Biedere' in der Kunst satt, das Brave, das nur Schöne! Ich habe mich geändert, nicht in meiner Religiosität, aber in meiner Sehnsucht zum Allgemeinen, über das Besondere hinaus".* Und später: *„Am 18. III. [1946] waren Schulz, Kapellmeister Fritz Schmied und Direktor Bösmüller da. Es gab viel zu lachen und einiges zu denken. Im übrigen wurde Alkohol getrunken, eine Ware, die ich lange Zeit entbehren mußte, ohne allerdings sehr darunter zu leiden, obwohl ich dem linden Rausche, der dem Leben die Schärfe nimmt, sehr zugeneigt bin".* Darauf: *„Schulz war von den Bildern, die ich als Soldat in St. Johann gemalt habe, sehr beeindruckt. Es seien die Bilder eines Einsiedlers, der ich auch wirklich war. In ihnen allen feiert eine tiefe Melancholie ihr zweiundvierzigstes Geburtsfest".* Tagebuch 16. April 1946: *„Gestern nach vieler Gartenarbeit das Bild mit den ... [unleserlich: Bergen?] das ich 1944 in St. Johann begonnen habe, fertig gemalt. Es ist mir auf die Erde gefallen, knapp bevor es fertig war und ich mußte die Partien, die noch frisch waren, wieder übermalen. So hat es sich zu seinen Gunsten wieder ein wenig verändert".*

### Die Malerei verdrängt die Schriftstellerei

Aus den fünfziger Jahren konnten bislang keine Gemälde Rendls nachgewiesen werden. Aber er umrahmte nach dem Ausbau des Hauses in St. Georgen dessen Fenster außen mit schwungvollen Dekorationen, versah auch die Außenwände teilweise mit Lüftlmalerei. In den sechziger Jahren jedoch ging eine Veränderung in ihm vor. Beginnend 1962 und sich steigernd bis 1966 wurde die Malerei zu seinem künstlerischen Hauptinteresse. Auch nachdem er seinen Schlaganfall von 1966 überwunden hatte und bis zu seinem Tode beschäftigte er sich in erster Linie mit ihr.

Was hatte sich hier in seinem Leben verändert? Zweifellos hatte seine dichterische Kreativität merkbar nachgelassen. Wie er selbst öfters sagt, war ihm das Malen mit geringerer Anstrengung verbunden als das Schreiben. Jedenfalls war ihm letzteres nicht nur eine emotionale, sondern auch eine intellektuelle Herausforderung, ersteres dagegen konnte sogar Entspannung und Erholung sein. Georg Rendl war kein Suchender und Kämpfender mehr. Er war gewissermaßen angekommen auf der Suche nach der Freude. Seine schwierige Ehe war, wenn auch nicht geschieden, so doch beendet. Frau Bertha war 1956 aus dem gemeinsamen Heim ausgezogen. Seine Freundin Kathi Schweiger hatte ihm 1958 einen Sohn geboren, den er, freilich als dessen Onkel auftretend, sehr liebte und oft besuchte (dieser Sohn Hans Georg kam in jungen Jahren bei einem Verkehrsunfall zu Tode). Georg Rendl hatte sein Leben auf seine Art eingerichtet und genoss es. Die Malerei war zum stummen, wenngleich beredten Ausdruck seines Künstlertums geworden.

Anfang 1966 organisierten Freunde eine Ausstellung von Gemälden Rendls im Mirabell-Casino in Salzburg. Sie dauerte vom 4. bis 25. Februar und umfasste 58 Ölgemälde. Das älteste davon stammte von 1932 (ein Blumenstück), die große Mehrzahl (47) aus den Jahren 1963 bis 1965. Zu seiner Ausstellung schrieb Rendl: "Über mich selbst als Maler":

*"Keines der Gemälde, die in dieser Ausstellung aus ihrer manchmal jahrzehntelangen Verborgenheit der Öffentlichkeit zur Kritik sich stellen, entstand auch nur mit der leisesten Absicht, es jemals aus dem Gemäuer meines ländlichen Hauses zu entlassen. Schon seit meiner Mittelschulzeit male ich, aber ich habe nie ‚mir zum Vergnügen' gemalt und nie habe ich die Malerei ‚nebenbei', gewissermaßen als Ergänzung meines dichterischen Werkes, also zur Abwechslung betrieben. Viele Maler habe ich in meinem Leben kennen gelernt und mit einigen war und bin ich gut befreundet, aber es erschien mir als absolut uninteressant, mit ihren Augen zu schauen, mit ihren Händen in ihrer Technik zu malen oder mit ihrer Seele ein Motiv zu erleben. – Mir ging es vom ersten Bilde an nur darum, mich selber auszusagen, so zu malen, wie es meinem Wesen entspricht. Freilich, auf diesem langen und immer sehr verborgenen Weg erlebte auch ich die gewaltigen Faszinationen, die von den Werken vor allem der Franzosen und des einen Niederländers [gemeint ist van Gogh] ausgingen, und es kostete viel Kraft, angesichts ihrer Vorwegnahmen nicht mutlos zu werden, sich ihrer Hypnose zu entziehen und weiterhin auf den eigenen Füßen und nicht auf entlehnten zu gehen. Das scheint mir überhaupt das Prinzip des gültigen künstlerischen Schaffens zu sein, daß das Werk persönliche Aussage, Offenbarung und Gestaltung der Person, eben dieses einen Menschen ist, den es nur einmal gibt. Dabei ist es selbstverständlich, daß dieser Mensch, lebt er mit vollem Bewußtsein in dieser Gegenwart – (ich bin trotz allem und weil es anders nichts*

*nützte und auch weil es viel unbequemer ist, positiv bejahend zu ihr eingestellt) – auch Vergangenheit – und gar nicht als Last – mit sich trägt. Es ist nicht nur die Festung, die barocke Kuppel, die unversehrte Landschaft in unser aller Leben, sondern auch das Hochhaus, der Fabrikschlot und eine wundgerissene Gegend, und dem Maler ist alles erregende Aufgabe: Das Erspüren der Stimmung, die Bewältigung des Spieles der Formen, Farben, der Lichter und Schatten und die unnachgiebige Selbstkritik, die nicht gestattet, ein Bild zu signieren, das ein falsches oder schlechtes Zeugnis wider seinen Urheber ablegen könnte.*

*Wieviel Zeit ich noch habe, alle die vielen Motive, die mich bewegen, als Maler zu bewältigen, das weiß ich nicht. Sehr froh bin ich jedenfalls, daß ich meine Bilder nicht eher ausgestellt habe und daß ich die Geduld und die Nerven hatte zu warten, bis ein Berufener komme, dessen Wort mich zu diesem ebenso abenteuerlichen wie bedeutungsvollen Schritt bewegen konnte".*

Von der Ausstellung im Mirabell-Casino wurden drei Bilder für insgesamt 19.000 Schilling verkauft. Nach Abzug der Ausstellungskosten blieben Rendl 14.100 Schilling. In den Folgejahren verkaufte er Werke u.a. an die Tauernkraftwerke für 5.250 Schilling, an die Landesregierung 1967 für 10.000 Schilling und drei Mal, 1968, 1969 und 1971, für jeweils 12.000 Schilling, an den Magistrat Salzburg für 10.000 Schilling. Das Museum Carolino Augusteum äußerte Interesse am Ankauf eines Selbstbildnisses.

Bei Rendls Tod befanden sich im Rendlhaus in St. Georgen / Au laut Nachlass-Aufzeichnung von seinen eigenen Werken 144 Ölbilder auf Leinwand, z.T. unfertig, 10 kleine Bildchen, Öl auf Karton, 224 Hinterglasbilder. Seine Bibliothek wurde auf 108 Laufmeter geschätzt, ihr Wert auf Summa 8.950 Schilling.

**Anhang**

Aus Georg Rendls Briefen an eine Freundin, die seine Malerei ganz wesentlich beflügelt hat:

2. Juli 1963: *„Du wunderst Dich vielleicht, warum ich nicht schreibe, sondern male. Ich bin sehr froh, wenn ich dann malen kann, wenn es mich dazu treibt. Ich könnte es nicht, wenn unaufschiebbare andere Arbeit mich bedrängen würde. Darum erledige ich alle manuelle Arbeit mit Vehemenz – und dann kann ich eben ungestört malen. Es ist eine Kunst, der Dichtung eng verwandt, es erfordert die nämliche Konzentration, Hingabe und Selbstkritik, und jeder Farbauftrag ist ebenso spannungsreich wie die Wahl unter hundert Worten.*

*Warum ich als Maler nicht an die Öffentlichkeit trete? Ich trete mit Manchem, was mir kostbar ist, nicht in die Öffentlichkeit – außerdem bin ich überzeugt, daß ich als Maler wahrscheinlich noch zu meinen Lebzeiten ‚entdeckt' werde. Wenn nicht, dann gewiß nach meinem Ableben. Ich möchte auch kein Bild verkaufen, ich kann mich von keinem trennen".*

3. Juli 1963: *„Das Bild ... ist fast fertig. Aus technischen Gründen, da die Farben, über die ich andere setze, ein wenig trocknen müssen (nicht ganz), kann ich ein solches Gemälde nicht in einem Zuge fertig machen. Ich male deshalb vier Bilder zur gleichen Zeit".*

22. Juli 1963: *„Ich habe Sonntag gemalt, drei Bilder, darunter mein bisher allerbestes Bild".*

14. August 1963: *„Malen werde ich auch – auch ein neues Bild ... Jetzt weiß ich wenigstens, daß Du von mir kein zu braves Bild erwartest. Das freut mich, denn auch ich mag das eruptiv Gemalte lieber".*

7. September 1963: *„Das große Bild ist fast fertig, ich habe es ‚entnaturalisiert' und stark stilisiert. So wird es gut".*

15. September 1963: *„... bin mit zwei Malflächen ins Freie, habe eine Weiherlandschaft skizziert, bin heim, habe diese eine Landschaft gemalt – nun ist sie fast fertig. Auch ... zwei Gedichte geschrieben und wieder gemalt".*

17. September 1963: *„Heute vormittags war ein Bildhauer bei mir, mit seiner Frau, die Malerin ist [Hans Pacher und Frau Doris]. Sie waren von meinen Bildern geradezu begeistert, und, interessant: sie bezeichneten gerade jene Bilder als die besten, die auch ich für die besten gehalten habe. Und für mich das Wichtigste: So malt nur der Rendl Georg. Ich werde bis zum Winter noch viele Bilder malen, hundert möchte ich malen und dann im Frühjahr vierzig oder fünfzig, die besten also ausstellen. Das wäre eine Sache! Das wäre eine Freude!"*

21. September 1963: *„Du frägst, seit wann ich so male? Gemalt habe ich immer schon, aber seit eine NN in mein Leben gekommen ist, male ich, als wäre ich hauptsächlich Maler, ich male seither enorm viel, mit Begeisterung, mit Ehrgeiz und mit dem Bewußtsein, daß jedes Bild eine Dokumentation meines Wesens ist. Ich male meine Freude an Dir in jedes Bild ... Ich will und werde noch ein großes Werk als Maler und als Dichter schaffen. Ich möchte es gerne aus Freude tun, so wie jetzt".*

Hiltrud Oman

# Der Werkbestand des Malers Georg Rendl

**Vorbemerkung**

Ein Blick auf namhafte Produzenten der Weltliteratur wie Johann Wolfgang Goethe, Adalbert Stifter, Alfred Kubin, Hermann Hesse, Friedrich Dürrenmatt, Günther Grass u.a. zeigt, dass es nicht wenige Bedeutende waren, die neben ihrer Schriftstellerei ernsthaft und kontinuierlich ihr zweites Talent, die Zeichnung oder Malerei entwickelten. Auch der renommierte Salzburger Dichter Georg Rendl wies sich als doppelbegabter Künstler aus, wobei er untypischerweise nach seiner Anerkennung als Schriftsteller in seinem letzten Lebensjahrzehnt zum (auch pekuniär) erfolgreichen Maler „mutierte". (Erinnert sei an dieser Stelle an seinen großen Konkurrenten, ebenfalls Dichter und Maler, Karl Heinrich Waggerl [1897–1973], dessen künstlerische Fotografie erst posthum auf sich aufmerksam machte).

 Rendl löste durch die Malerei mehr oder weniger die Schriftstellerei mit Beginn der sechziger Jahre ab. Die landläufige Meinung besagt, Rendl habe erst nach seinem Schlaganfall (1966) zu malen begonnen, weil sein zerebrales Sprachzentrum vorübergehend in Mitleidenschaft gezogen war. Tatsache ist, dass er sich in den Jahren vorher auch schon als fleißiger Maler unter Beweis gestellt hatte. Spekulativ bleibt, ob er die Motivation dazu aus der Tatsache gewann, dass seine Frau Bertha, die ihn in der Organisation seines Schreibens stets unterstützt hatte, fast nie mehr an seiner Seite war, oder ob ein intuitiver tatkräftiger Entschluss bewirkte, dass er sich in seinem letzten Lebensjahrzehnt ausschließlich seinem ohnehin schon längst gepflogenen Talent, der Malerei, verschreiben wollte. Einer literarischen Innovation nicht mehr mächtig, verlangte er doch nach einer weiteren öffentlich mitteilsamen Ausdrucksform, weil er immer noch „Neues zu sagen hatte, aber die alte Form nimmer dienen" (Hesse) konnte. Beständige Ermutigungen einer damals jungen Frau animierten ihn dazu, immer öfter den Pinsel als das Schreibwerkzeug in die Hand zu nehmen. So war am Ende ein malerisches Œuvre hervorgebracht, das sich in Qualität und Quantität gegen das anderer nennenswerter regionaler Künstler behaupten kann.

 Als Maler (wie auch als Schriftsteller) war Rendl Autodidakt und er selbst bekundete, dass er schon als Schüler fleißig malte, wobei nicht bekannt ist,

*In Rendls Atelier, 1972*

ob er dies auch über die Forderungen der Schule hinaus tat. Die Bezeichnung Autodidakt trifft möglicherweise daneben, weil Rendl primär ein emotional geleiteter Künstler sein wollte, Höhen und Tiefen auskostete, und an einer akademischen Orientierung, die ein Autodidakt sucht, im Grunde gescheitert wäre.

Eine wichtige, stark expressive Malphase fand zwischen 1932 und 1943 statt, eine weitere – die intensivste – ab Beginn der sechziger Jahre bis zu seinem Tod. In dieser Zeit ringt er sich zu seinem eigenen persönlichen, absolut unverwechselbaren Stil durch. Nur wenige Gemälde aus den fünfziger Jahren sind uns bekannt, ebenso fällt auf, dass im Jahre 1966 krankheitshalber nur einige wenige Arbeiten hervorgebracht wurden.

Als Maler arbeitete Georg Rendl im Verborgenen und zeigte über viele Jahre kaum jemandem seine Resultate. Selbst und gerade im Kreise seiner Künstlerfreunde – dazu zählten die hierzulande respektablen Größen eines Albert Birkle und Josef Schulz – fühlte er sich unsicher auf seinem malerischen Weg. Doch in der Salzburger Kulturszene umtriebige Freunde bestärkten ihn und verhalfen ihm zu einer großen Einzelausstellung in der Galerie im Mirabell-Casino, wo 1966 58 Exponate erstmals öffentlich vorgestellt wurden. Zu dieser Gelegenheit wurden nicht wenige Gemälde angekauft, vor allem jene, die bis heute im öffentlichen Besitz von Stadt und Land Salzburg verblieben sind. Als unverkäuflich waren u.a. ein Stillleben von 1932 deklariert, „Mein Brunnen", 1948 (Kat.-Nr. 21), „Ertrinkendes Reh", 1959 (Kat.-Nr. 25), weiters „Mein Bienenhaus", 1963 (Kat.-Nr. 38) und das „Weihnachtsbild", 1965 (Kat.-Nr. 77), heute ein Erbstück im Rendl-Nachlass der Gemeinde St. Georgen.

Zu Georg Rendls Lebzeiten blieb dies seine einzige Ausstellung. Nach seinem Tod lagerte, litt und verstaubte sein bildnerisches Œuvre (welches geringfügig, nebst einer Gruppe sammelnswerter Memorabilien, Kruzifixen, und auch einem Tonband mit Original-Aufnahmen aus Rundfunksendungen auch noch durch Einbruchsdiebstahl geschmälert wurde) in der St. Georgener Dichterklause an der Salzach, ausgenommen jene Gemälde, die die Gemeinde- und Kindergarten-Stuben dort recht extravagant ausstatten – die Gemeinde ist die Alleinerbin Rendls. Ausgenommen auch diejenigen Bilder, die in privaten, Rendl meist tief freundschaftlich verbundenen Haushalten gepflegt wurden und überdauerten.

Die im September 2000 gegründete Georg-Rendl-Gesellschaft hat kürzlich einige frühe Gemälde, welche Risse, Löcher, Krakeleen etc. aufwiesen (nicht zuletzt auf Grund der minderwertigen Malmaterialien aus der Zwischenkriegszeit), mit Hilfe von privaten Patenschaften restaurieren lassen, eines der Ziele, die auch in Zukunft weiterverfolgt werden, um den Erhalt dieses St. Georgener Kulturguts für spätere Generationen zu sichern.

Aus unbestimmbaren Gründen ist uns der Verbleib einer ganzen Reihe von eindrucksvollen Gemälden unbekannt. Ihre Existenz ist durch Fotodokumente teils von der Ausstellung 1966 (Stadtarchiv Salzburg), teils aus den späten sechziger Jahren durch den seit vielen Jahrzehnten engagierten St. Georgener Geschichts- und Kulturspurensicherer Hannes Miller festgehalten. Außer-

*Der Altar in der Franziskus-Kapelle, 1972*

dem ist nachträglich dem einen und anderen Gemeindevertreter der Vergangenheit zu Gute zu halten, Rendls Malerei als unansehnlich und wertlos befunden zu haben, was immerhin verhinderte, dass das Erbe wohl zu schnell verdingt worden wäre.

Wie bei allen bildenden Künstlern galten auch Rendls Malereien, nebst direkter Einnahmequelle, da und dort als Zahlungsmittel. Ein expressiv kraftvolles Blumenstillleben aus 1933 diente im Jahr 1934 gar als Pfändungsmittel im Bezirksgericht Oberndorf (Kat.-Nr. 11). Später, nach seinem Tod, wurden selbst die notariellen Verlassenschaftskosten mit Gemälden abgegolten, wobei ein Schulz-Bild aus Rendls Eigentum sich als das begehrteste entpuppte. Bis heute sind wir auf der Suche nach einem Gemälde, das den jungen Georg Rendl in brennend quirliger Verfassung (der junge Schriftsteller firmierte unter dem Pseudonym Nikolaus Ardens = lat. brennend) mit aufgewühltem Haar zeigt, bekleidet mit bunt gestreiftem Hemdkragen, im Stil von Josef Schulz.

Rendl malte ausschließlich in Öl, meist auf Leinwand, häufig auch auf einfachen Holz-, Weich- oder Hartfaserplatten; nicht zuletzt hing die Materialbeschaffung von seiner jeweiligen Liquidität ab. Qualitätsfarben erhielt er des öfteren als Mitbringsel seiner Freunde. Dennoch behaupten Zeitzeugen, Georg Rendl habe sich als unbekannter Maler einen wesentlich besseren pekuniären Hintergrund schaffen können denn als bekannter Dichter.

Zeichnungen gibt es kaum von seiner Hand, jedoch existiert eine kunterbunte Auswahl an Hinterglasbildern, sowohl in weitgestreutem Privatbesitz als auch im Nachlassbestand. Der Großteil von Rendls Gemälden wurde von ihm selbst präsentabel aufbereitet, vor allem die Exponate von 1966 stattete er mit jeweils passenden, einfachen oder reliefierten Holzrahmen aus, die er sich in einer Unterechinger Tischlerei besorgte, bemalte und immer auf die Malerei des zugehörigen Gemäldes (oft in drei bis vier Farbtönen) sorgsam abstimmte.

Rendl liebte die Naturlandschaften Salzburgs, seine Berge, Seen und Ebenen. Orte, zu denen er ein persönliches Verhältnis hatte, malte er des öfteren. Viele Motive fand er als Dichter wie auch als Maler rund um sein „Haus in Gottes Hand", das einerseits eingebettet war in eine friedliche Stille und ländliche Unberührtheit und das andererseits auch selber die rurale Kargheit seiner weiteren Umgebung nicht verbarg.

Der Schwerpunkt des Malers lag auf dem Landschaftsgemälde in Öl, wobei Pflanzen, die vor allem den Imker Rendl interessierten, auch ein vorrangig dargestelltes Thema bilden. Formal widmete er sich der Landschaft als einer zu abstrahierenden Felder- und Wiesenkomposition, inhaltlich aber faszinierte sie ihn als die Erde, in der die Frucht für das Leben reift und zu der sie nach der Ernte wieder verfällt. Sub specie aeternitatis malte Rendl die Natur als Schöpfung, was er durch einen metaphysisch imaginierten Farbschleier in den unterschiedlichsten Landschaftsbildern beständig zum Ausdruck bringt. Als weitere Indizien für dieses romantisch existentielle Suchen nach dem Schöpfer können die immer zwischen Erde und Himmel aufstrebenden Elemente wie Kirchtürme, Pappeln, Königskerzen, Bergspitzen etc. gelesen werden, die entgegen mancherorts geäußerter Interpretation eben nicht als nur physische Zeichen (auch im Sinne von Männlichkeit) zu deuten sind.

*In Rendls Atelier: Gestapelte Gemälde und Hinterglasgalerie, 1972*

Einige Porträts zeigen Rendl selbst in verschiedenen Phasen und Stimmungen, meist schmucklos und nüchtern, als hätte er gerade mit dem Leben abgerechnet und als wolle er sich nicht mehr als das geschaffene, auf sich geworfene Seinswesen im Spiegel erkennen. Er führt hier den in der Landschaft begonnenen Dialog zwischen Schöpfung und Schöpfer fort. Außer diesen Porträts gibt es von seiner Hand nur noch eine Menschenfigur, einen einsamen Wanderer zwischen starren Felsblöcken, der sein inneres Erbe schleppend – wer weiß, ob in die Zukunft – trägt (Kat.-Nr. 73). Einige weitere Figuren existieren in Form von Tieren, verbunden mit dem Tod. Allerdings lässt er Vögel und Schmetterlinge als Hoffnungsträger verheißungsvoll – vor Pflanzen wie über Gräbern – schweben, ganz im Sinne althergebrachter Metaphorik.

Rendl war nie bestrebt, an die Malerei so heranzugehen, wie die großen Vorbilder es ihn lehrten. Er wollte dezidiert ein Maler sein, der weder seine Schriften zu illustrieren beabsichtigte, noch die Malerei als eine Nebenbeschäftigung zur Dichtung ansah. Relikte seiner Schriftstellerei mögen seine ungewöhnlichen „Lese- und Zeilenbilder" sein.

Die frühen uns erhalten gebliebenen Gemälde decken sich in ihrer leidenschaftlichen, wild entschlossenen, expressiven Dynamik am ehesten mit dem künstlerischen Wollen des damals in Sturm und Drang stehenden jungen Dichters. Später, in den sechziger Jahren, dürfte die allerwelts gepriesene Abstraktion ihm sowohl Herausforderung als auch Hindernis bedeutet haben. Er beginnt flacher zu malen und legt nicht mehr so viel Emotion in Strich und Farbauftrag, versteht es aber, differenzierte Motive, mit reduzierteren Mitteln dargestellt, dennoch in einen narrativen Kontext zu stellen. Rendl baut seine späten Lese- oder Erzähl-Bilder primär nicht als puristisch malerische Komposition, sondern er bleibt auch in diesem Handwerk häufig der mit dem Wort Schöpferische. Das ist es, was ihn von allen Nur-Malern unterscheidet und das gleichzeitig seinen ganz persönlichen Stil, das so spröd Verwunderliche und zugleich die Überhöhung des Realen ausmacht. Ob Berg, See, Porträt, Baum oder Blume, er umhüllt alles mit karg lyrischer Stimmung und lehrt uns dabei, still zu halten und die Natur und das Du mit eigenen Augen und immer wieder aus neuer Sicht zu verstehen.

*Georg Rendl vor der Bienenhütte mit den Franziskus-Fresken (Sonnengesang), um 1971*

Das große Konvolut an Hinterglasbildern von Georg Rendl eröffnet sich wie ein gemalter Spaziergang durch das Salzburger Land, denn ein jedes Bildchen zeigt eine flott verewigte (leider meist wenig charakteristische und an Postkarten erinnernde) Ansicht eines beliebigen Örtchens, flächendeckend abgeklappert von Bad Gastein bis nach Ostermiething und von Mondsee bis nach Wald im Pinzgau.

Zur bildnerischen Hinterlassenschaft zählen auch die Fresken (secco-Malerei) in Georg Rendls hauseigener Kapelle, die er anlässlich seiner Genesung im Jahre 1966 erbaute und zu Ehren des Hl. Franziskus ausstattete. Die Fresken, mittlerweile durch Spuren mehrmaligen Hochwassers in Mitleidenschaft gezogen, zeigen typische Szenen aus dem Leben jenes Heiligen, der sein väterliches Erbe aufgab und sich zur Armut bekehrte. Am Rande der Vogelau selbst eingenistet (in dem ehemaligen Brechelbad), stets umworben von vielerlei Vögeln, von Sumpf- und Blaumeisen bis zu Kleibern, Fasanenküken, Hasen und anderen Wildtieren, verstand sich Rendl wohl auch als „Vogelprediger". Die Qualität der Franziskus-Fresken besitzt weder in der Darstellung noch in der Technik die überzeugende Eigenständigkeit seiner Ölmalereien. Abgesehen von den Fresken an seiner Bienenhütte und der Lüftlmalerei, mit der Rendl die Außenfassaden seines Hauses schmückte, hatte er aber auch keine frühere dahin gehende Erfahrung tätigen können, weder im Malen von lebensgroßen Figuren noch im Umgang mit der Malerei al secco.

Anzunehmen ist, dass Georg Rendl durch seinen Malerfreund Leonhard Stemeseder dazu animiert wurde, dessen Elternhaus nur einen Sprung über der Moosach und dann gleich hügelaufwärts situiert war. Dort, in Kirchberg selbst, finden sich bis heute Stemeseders Fresken in und auf privaten Häusern wie auch in einer privaten Kapelle. Die beiden Maler besuchten sich gegenseitig in ihren „Ateliers"; dass Rendl es ohne Stemeseder nicht „geschafft" hätte, wird immer ein landläufiges Gerücht bleiben. Allerdings haben die beiden Künstler jenes Terrain zwischen Moosach und Salzach häufig frequentiert, auf dem die jüngst ins Leben gerufene St. Georgener Kulturmeile ihre Wurzeln zu schlagen beginnt.

**Kat.-Nr. 1**
Haus in der Stille
Undatiert (um 1932). Öl auf Holzfaserplatte,
26 x 40 cm, unsigniert
Gemeinde St. Georgen

**Kat.-Nr. 2**
Stillleben mit Kaktus
1932. Öl auf Leinwand, 40,5 x 53 cm, signiert und
datiert: „GR 32"
Gemeinde St. Georgen
Ausgestellt 1966 in der Galerie im Mirabell-Casino

**Kat.-Nr. 3**
Üppiger Blumenstrauß
1932. Öl auf Leinwand, 61 x 50 cm, signiert und
datiert unten rechts: „GR 32"
Privatbesitz

**Kat.-Nr. 4**
Sommerblumen in der Vase
1932. Öl auf Pappe, ca. 46 x 35 cm, signiert und
datiert unten rechts: „G.R. 32"
Privatbesitz

**Kat.-Nr. 5**
Stillleben mit Blumen und Früchten
1932. Öl auf Leinwand, 60 x 42 cm, signiert und
datiert unten links: „GR 32"
Privatbesitz

**Kat.-Nr. 6**
Landschaft im Moos
1932. Öl auf Leinwand, 32 x 41 cm, signiert und
datiert unten rechts: „GR 32"
Privatbesitz

**Kat.-Nr. 7**
Schloss Leopoldskron mit Blick auf Gaisberg
1932. Öl auf Karton, 24 x 32 cm, signiert und datiert
unten rechts: „G.R. 32"
Gemeinde St. Georgen
Ausgestellt 1966 in der Galerie im Mirabell-Casino

**Kat.-Nr. 8**
Haus in Leopoldskron mit Gaisberg
1932. Öl auf Karton, 27 x 34,5 cm, signiert und
datiert unten rechts: „G.R. 32"
Gemeinde St. Georgen

**Kat.-Nr. 9**
Bauernhaus im Moos
1932. Öl auf Leinwand, 46 x 59 cm, signiert und
datiert unten rechts: „GR 32"
Privatbesitz

**Kat.-Nr. 10**
Glashütte Bürmoos
Undatiert (um 1932). Öl auf Leinwand, 49 x 60 cm,
unsigniert
Privatbesitz

**Kat.-Nr. 11**
Blumenstillleben auf blauem Tisch
1933. Öl auf Holzfaserplatte, 32 x 25 cm, signiert und
datiert unten links: „G-R-33" (mit Pfändungsmarke
vom 15.9.1934 vom Bezirksgericht Oberndorf)
Gemeinde St. Georgen

**Kat.-Nr. 12**
Rote Häuser unterm Gaisberg
Undatiert (um 1934). Öl auf Holz, 28,5 x 38,5 cm,
unsigniert
Gemeinde St. Georgen

**Kat.-Nr. 13**
Glashütte Bürmoos
Undatiert (1935). Öl auf Leinwand, 67 x 80 cm,
unsigniert
Restauriert durch Patenschaft Paul Arzt
Gemeinde St. Georgen

**Kat.-Nr. 14**
Garten
1939. Öl auf Leinwand, 42,5 x 52,5 cm, signiert und
datiert unten rechts: „G.R. 39"
Gemeinde St. Georgen
Ausgestellt 1966 in der Galerie im Mirabell-Casino

**Kat.-Nr. 15**
Kapelle unterm Baum
Undatiert (um 1939). Öl auf Weichfaserplatte,
30 x 21,5 cm, unsigniert
Privatbesitz

**Kat.-Nr. 16**
St. Georgen
Undatiert (1939), unvollendet. Öl auf Holz,
20 x 24 cm, unsigniert (Rückseite von Kat.-Nr. 17)
Gemeinde St. Georgen

Kat.-Nr. 17
Blumenwiese
1939? Öl auf Holz, 20 x 24 cm, signiert und datiert unten rechts: „GR 39" (Ziffer unleserlich)
Vorderseite von Kat.-Nr. 16
Gemeinde St. Georgen

Kat.-Nr. 18
Haus unter Bäumen
1940. Öl auf Holzfaserplatte, 40 x 25,5 cm, signiert und datiert unten rechts: „GR 40"
Gemeinde St. Georgen
Ausgestellt 1966 in der Galerie im Mirabell-Casino

Kat.-Nr. 19
Griesenau
1940
Verbleib unbekannt
Ausgestellt 1966 in der Galerie im Mirabell-Casino

Kat.-Nr. 20
Almlandschaft
1943. Gouache auf Holzfaserplatte, 43,5 x 47,5 cm, signiert und datiert unten links: Georg „Rendl 43"
Gemeinde St. Georgen

Kat.-Nr. 21
Mein Brunnen
1948. Öl auf Leinwand, 46 x 55 cm, signiert und datiert unten rechts: „GR 48"
Privatbesitz
Ausgestellt 1966 in der Galerie im Mirabell-Casino

Kat.-Nr. 22
Untersberg, von Bäumen flankiert
1949. Öl auf Leinwand, 60 x 46,5 cm, signiert und datiert unten rechts: „G.R. 49"
Gemeinde St. Georgen
Ausgestellt 1966 in der Galerie im Mirabell-Casino

Kat.-Nr. 23
Blumenstillleben vor Gitter
1949. Öl auf Weichfaserplatte, 47 x 36 cm, signiert und datiert unten rechts: „GR 49"
Privatbesitz

Kat.-Nr. 24
Blumen im Krug auf rotem Tisch
1955. Öl auf Weichfaserplatte, 50 x 40 cm, signiert und datiert unten rechts: „GR 55"
Privatbesitz

Kat.-Nr. 25
Ertrinkendes Reh
1959. Öl auf Holzfaserplatte, 50 x 40 cm, signiert und datiert unten rechts: „GR 59"
Privatbesitz
Ausgestellt 1966 in der Galerie im Mirabell-Casino

Kat.-Nr. 26
Blumenstrauß in konischer Vase
1963. Öl auf Dämmplatte, 46 x 34 cm, signiert und datiert unten rechts: „GR 63"
Gemeinde St. Georgen

Kat.-Nr. 27
Weiher I
1963. Öl auf Leinwand, 50 x 66 cm, signiert und datiert unten rechts: „GR 63"
Magistrat Stadt Salzburg, Inv.-Nr. 1/6
Ausgestellt 1966 in der Galerie im Mirabell-Casino

Kat.-Nr. 28
Weiher II
1963? Signiert und datiert unten rechts: „GR 63" (Ziffer unleserlich)
Verbleib unbekannt
Ausgestellt 1966 in der Galerie im Mirabell-Casino

Kat.-Nr. 29
Blauer Baum am Feldrand
1963. Öl auf Holzfaserplatte, 28,5 x 39 cm, signiert und datiert unten rechts: „GR 63"
Gemeinde St. Georgen

Kat.-Nr. 30
Lila Baum im Moos
1963. Öl auf Holzfaserplatte, 24 x 32 cm, signiert und datiert unten rechts: „GR 63"
Gemeinde St. Georgen

Kat.-Nr. 31
Zwei Königskerzen vor Kornfeld
Undatiert (1963). Öl auf Holzfaserplatte, ca. 24 x 32 cm, unsigniert
Gemeinde St. Georgen

Kat.-Nr. 32
Alpenvorland mit Untersberg und Staufen
1963. Öl auf Leinwand, 49,5 x 59,5 cm, signiert und datiert unten rechts: „GR 63"
Amt der Salzburger Landesregierung,
Inv.-Nr. 1111130326

**Kat.-Nr. 33**
Rittersporn, Mohnblumen, Iris in blauer Topfvase
1963. Öl auf Leinwand, 60 x 50 cm, signiert und datiert unten rechts: „GR 63"
Privatbesitz

**Kat.-Nr. 34**
Pappeln
1963
Verbleib unbekannt
Ausgestellt 1966 in der Galerie im Mirabell-Casino

**Kat.-Nr. 35**
Landschaftsstudie
1963
Verbleib unbekannt
Ausgestellt 1966 in der Galerie im Mirabell-Casino

**Kat.-Nr. 36**
Einsamer Baum
1963. Signiert und datiert unten rechts: „GR 63"
Verbleib unbekannt
Ausgestellt 1966 in der Galerie im Mirabell-Casino

**Kat.-Nr. 37**
Sonnenblume
1963. Signiert und datiert unten rechts: „GR 63"
Verbleib unbekannt
Ausgestellt 1966 in der Galerie im Mirabell-Casino

**Kat.-Nr. 38**
Mein Bienenhaus
1963
Verbleib unbekannt
Ausgestellt 1966 in der Galerie im Mirabell-Casino

**Kat.-Nr. 39**
Im Flachgau
1963
Verbleib unbekannt
Ausgestellt 1966 in der Galerie im Mirabell-Casino

**Kat.-Nr. 40**
Mein Haus
1963
Verbleib unbekannt
Ausgestellt 1966 in der Galerie im Mirabell-Casino

**Kat.-Nr. 41**
Rosa Haus am Teich
1963. Öl auf Holzfaserplatte, 21 x 28 cm, signiert und datiert unten rechts: „GR 63" (geritzt)
Gemeinde St. Georgen

**Kat.-Nr. 42**
Junge Pappel
Undatiert (1963). Öl auf Holzfaserplatte, 21 x 28 cm, unsigniert
Gemeinde St. Georgen

**Kat.-Nr. 43**
Dürrer Baum im Frühling
Undatiert (1963). Öl auf Holzfaserplatte, 28 x 39 cm, unsigniert
Gemeinde St. Georgen

**Kat.-Nr. 44**
Untereching
1963. Öl auf Leinwand, 40 x 50 cm, signiert und datiert unten rechts: „GR 63"
Privatbesitz

**Kat.-Nr. 45**
Blumen in Kugelvase mit Blüte auf Tisch
1963. Öl auf Holzfaserplatte, 50 x 36,5 cm, signiert und datiert unten rechts: „GR 63"
Gemeinde St. Georgen

**Kat.-Nr. 46**
Königskerze und Sonnenhut in Kugelvase
1963. Öl auf Holzfaserplatte, 50 x 35,5 cm, signiert und datiert unten rechts: „GR 63"
Gemeinde St. Georgen

**Kat.-Nr. 47**
Sonnenblumen und Kerze
1963. Öl auf Holzfaserplatte, 44,5 x 30 cm, signiert und datiert unten rechts: „GR 63"
Gemeinde St. Georgen

**Kat.-Nr. 48**
Blumen in gelb-grüner Vase
1964. Öl auf Holzfaserplatte, 51 x 38,5 cm, signiert und datiert unten rechts: „GR 64"
Gemeinde St. Georgen

**Kat.-Nr. 49**
St. Georgen (Landschaftskomposition mit Rendlhaus)
1964. Öl auf Leinwand, 70 x 80 cm, signiert und datiert unten Mitte rechts: „Georg Rendl 64"
Gemeinde St. Georgen
Ausgestellt 1966 in der Galerie im Mirabell-Casino

**Kat.-Nr. 50**
Goldegg

1964. Öl auf Leinwand, 55,5 x 45,3 cm, signiert und datiert unten rechts: „GR 64"
Gemeinde St. Georgen
Ausgestellt 1966 in der Galerie im Mirabell-Casino

### Kat.-Nr. 51
Zell am See
1964. Öl auf Leinwand, 60 x 50 cm, signiert und datiert unten rechts: „GR 64"
Gemeinde St. Georgen
Ausgestellt 1966 in der Galerie im Mirabell-Casino

### Kat.-Nr. 52
Ort in Tirol (?)
1964. Öl auf Leinwand, 60 x 50 cm, signiert und datiert unten rechts: „GR 64"
Gemeinde St. Georgen

### Kat.-Nr. 53
Untereching
1964. Öl auf Leinwand, 50 x 60 cm, signiert und datiert unten rechts: „GR 64"
Privatbesitz
Ausgestellt 1966 in der Galerie im Mirabell-Casino

### Kat.-Nr. 54
Schloss Fuschl
1964. Öl auf Leinwand, 60 x 70 cm, signiert und datiert unten rechts: „GR 64"
Privatbesitz
Ausgestellt 1966 in der Galerie im Mirabell-Casino

### Kat.-Nr. 55
Salzburg mit Hochhaus
1964. Öl auf Leinwand, 70,5 x 80,3 cm, signiert und datiert unten rechts: „Georg Rendl 64"
Gemeinde St. Georgen
Ausgestellt 1966 in der Galerie im Mirabell-Casino

### Kat.-Nr. 56
Ansicht von Oberndorf / Laufen
1964. Öl auf Leinwand, 75 x 90 cm, signiert und datiert unten rechts: „GR 64"
Gemeindeamt Oberndorf
Ausgestellt 1966 in der Galerie im Mirabell-Casino

### Kat.-Nr. 57
Stahlbrücke in St. Georgen
1964. Öl auf Leinwand, 50 x 60 cm, signiert und datiert unten rechts: „GR 64"
Gemeinde St. Georgen

### Kat.-Nr. 58
Felder und Berge
1964. Öl auf Leinwand, 60 x 51 cm, signiert und datiert unten rechts: „GR 64"
Gemeinde St. Georgen
Ausgestellt 1966 in der Galerie im Mirabell-Casino

### Kat.-Nr. 59
Unbekannter Ort
Undatiert (1964). Öl auf Leinwand, 60,5 x 70,5 cm, unsigniert
Gemeinde St. Georgen
Ausgestellt 1966 in der Galerie im Mirabell-Casino

### Kat.-Nr. 60
Voralpenlandschaft
1964. Öl auf Leinwand, 50,5 x 60 cm, signiert und datiert unten rechts: „GR 64"
Privatbesitz
Ausgestellt 1966 in der Galerie im Mirabell-Casino

### Kat.-Nr. 61
Kornfeld
1964
Verbleib unbekannt
Ausgestellt 1966 in der Galerie im Mirabell-Casino

### Kat.-Nr. 62
Hl. Franziskus von Assisi
1964. Signiert und datiert unten rechts: „GR 64"
Verbleib unbekannt
Ausgestellt 1966 in der Galerie im Mirabell-Casino

### Kat.-Nr. 63
Hl. Franziskus von Assisi
Undatiert (1964?). Öl auf Holzfaserplatte, 56 x 69 cm, unsigniert
Gemeinde St. Georgen

### Kat.-Nr. 64
Selbstporträt im Spiegel
1964. Öl auf Leinwand, 95 x 65,5 cm, signiert und datiert unten rechts: „GR 64"
Gemeinde St. Georgen
Ausgestellt 1966 in der Galerie im Mirabell-Casino

### Kat.-Nr. 65
Abgestecktes Beet in der Ebene
1965. Öl auf Leinwand, 30 x 40 cm, signiert und datiert unten rechts: „GR 65"
Gemeinde St. Georgen

**Kat.-Nr. 66**
Pappel am Damm
1965. Öl auf Leinwand, 65 x 50 cm, signiert und datiert unten rechts: „GR 65"
Gemeinde St. Georgen

**Kat.-Nr. 67**
Kapelle
1965. Öl auf Holzfaserplatte, 43,7 x 49 cm, signiert und datiert unten rechts: „GR 65"
Gemeinde St. Georgen
Ausgestellt 1966 in der Galerie im Mirabell-Casino

**Kat.-Nr. 68**
Ellmau, Tirol
1965. Öl auf Leinwand, 65,5 x 80,5 cm, signiert und datiert unten rechts: „GR 65"
Gemeinde St. Georgen
Ausgestellt 1966 in der Galerie im Mirabell-Casino

**Kat.-Nr. 69**
St. Wolfgang
1965. Öl auf Leinwand, 50,5 x 61 cm, signiert und datiert unten rechts: „GR 65"
Gemeinde St. Georgen
Ausgestellt 1966 in der Galerie im Mirabell-Casino

**Kat.-Nr. 70**
St. Gilgen
1965. Öl auf Leinwand, 59 x 69 cm, signiert und datiert unten rechts: „GR 65"
Privatbesitz
Ausgestellt 1966 in der Galerie im Mirabell-Casino

**Kat.-Nr. 71**
Gegend (Golling)
1965. Öl auf Leinwand, 65,5 x 80,5 cm, signiert und datiert unten rechts: „GR 65"
Gemeinde St. Georgen
Ausgestellt 1966 in der Galerie im Mirabell-Casino

**Kat.-Nr. 72**
Betonmast vor dem Göll
1965. Öl auf Leinwand, 55 x 45 cm, signiert und datiert unten rechts: „GR 65"
Gemeinde St. Georgen
Ausgestellt 1966 in der Galerie im Mirabell-Casino

**Kat.-Nr. 73**
Felswände
1965. Öl auf Leinwand, 65 x 75 cm, signiert und datiert unten rechts: „GR 65"
Privatbesitz
Ausgestellt 1966 in der Galerie im Mirabell-Casino

**Kat.-Nr. 74**
Heumandln in Ostermiething I
1965. Öl auf Leinwand, 50,5 x 60,5 cm, signiert und datiert unten rechts: „R 65"
Gemeinde St. Georgen
Ausgestellt 1966 in der Galerie im Mirabell-Casino

**Kat.-Nr. 75**
Ostermiething II
1965
Verbleib unbekannt
Ausgestellt 1966 in der Galerie im Mirabell-Casino

**Kat.-Nr. 76**
Im Stubaital
1965. Öl auf Leinwand, 50 x 60,5 cm, signiert und datiert unten rechts: „GR 65"
Privatbesitz
Ausgestellt 1966 in der Galerie im Mirabell-Casino

**Kat.-Nr. 77**
Weihnachtsbild
1965. Öl auf Leinwand, 40 x 50 cm, signiert und datiert unten rechts: „GR 65"
Gemeinde St. Georgen
Ausgestellt 1966 in der Galerie im Mirabell-Casino

**Kat.-Nr. 78**
Blick auf Salzburg mit Türmen und Festung
1965. Öl auf Leinwand, 70 x 80 cm, signiert und datiert unten rechts: „GR 65"
Gemeinde St. Georgen

**Kat.-Nr. 79**
St. Georgen
1965. Öl auf Leinwand, 60 x 70,5 cm, signiert und datiert unten rechts: „GR 65"
Magistrat Stadt Salzburg, Inv.-Nr. 55/70
Ausgestellt 1966 in der Galerie im Mirabell-Casino

**Kat.-Nr. 80**
Bergwerk Trimmelkam
1965. Öl auf Leinwand, 80 x 90 cm, signiert und datiert unten rechts: „GR 65"
Privatbesitz
Ausgestellt 1966 in der Galerie im Mirabell-Casino

**Kat.-Nr. 81**
Selbstporträt
1965. Öl auf Leinwand, 70 x 60 cm, signiert und datiert unten rechts: „GR 65"
Privatbesitz
Ausgestellt 1966 in der Galerie im Mirabell-Casino

**Kat.-Nr. 82**
Maria Bühel bei Oberndorf
1965. Öl auf Leinwand, 65 x 79,5 cm, signiert und datiert unten rechts: „GR 65"
Amt der Salzburger Landesregierung,
Inv.-Nr. 1111130031
Ausgestellt 1966 in der Galerie im Mirabell-Casino

**Kat.-Nr. 83**
Straße vor dem Gebirge
1965. Signiert und datiert unten rechts: „GR 65"
Verbleib unbekannt
Ausgestellt 1966 in der Galerie im Mirabell-Casino

**Kat.-Nr. 84**
Flusslandschaft mit Staufen
1965. Öl auf Leinwand, 50 x 60 cm, signiert und datiert unten rechts: „GR 65" (geritzt)
Magistrat Stadt Salzburg, Inv.-Nr. 2/66
Ausgestellt 1966 in der Galerie im Mirabell-Casino

**Kat.-Nr. 85**
Kirche und Fördertürme in blauer Landschaft
1965. Öl auf Leinwand, 45 x 55 cm, signiert und datiert unten rechts: „GR 65"
Gemeinde St. Georgen

**Kat.-Nr. 86**
Tarsdorf
1965
Verbleib unbekannt
Ausgestellt 1966 in der Galerie im Mirabell-Casino

**Kat.-Nr. 87**
Michaelbeuern
1965. Signiert und datiert rechts unten: „GR 65"
Verbleib unbekannt
Ausgestellt 1966 in der Galerie im Mirabell-Casino

**Kat.-Nr. 88**
Blick vom Hochhaus mit Gaisberg
1965
Verbleib unbekannt
Ausgestellt 1966 in der Galerie im Mirabell-Casino

**Kat.-Nr. 89**
Blick vom Hochhaus gegen St. Sebastian
1965
Verbleib unbekannt
Ausgestellt 1966 in der Galerie im Mirabell-Casino

**Kat.-Nr. 90**
Blick vom Hochhaus gegen Bergheim
1965
Verbleib unbekannt
Ausgestellt 1966 in der Galerie im Mirabell-Casino

**Kat.-Nr. 91**
Blick vom Hochhaus gegen Mülln
1965. Öl auf Leinwand, 70 x 80 cm, signiert und datiert unten rechts: „GR 65"
Amt der Salzburger Landesregierung,
Inv.-Nr. 1111130352
Ausgestellt 1966 in der Galerie im Mirabell-Casino

**Kat.-Nr. 92**
Blick vom Hochhaus gegen Maria Plain
Undatiert (1965). Öl auf Leinwand, 60,5 x 70,5 cm, unsigniert
Gemeinde St. Georgen

**Kat.-Nr. 93**
Föhnstimmung
1965
Verbleib unbekannt
Ausgestellt 1966 in der Galerie im Mirabell-Casino

**Kat.-Nr. 94**
Lofer
Undatiert (1965). Öl auf Leinwand, 55,5 x 65,5 cm, unsigniert
Gemeinde St. Georgen
Ausgestellt 1966 in der Galerie im Mirabell-Casino

**Kat.-Nr. 95**
Mondsee mit Schafberg
Undatiert (um 1965). Öl auf Holzfaserplatte, 40 x 50 cm, unsigniert
Gemeinde St. Georgen

**Kat.-Nr. 96**
Mattsee
1965. Öl auf Leinwand, 60,5 x 70,5 cm, signiert und datiert unten rechts: „GR 65"
Privatbesitz
Ausgestellt 1966 in der Galerie im Mirabell-Casino

**Kat.-Nr. 97**
Salzburg-Komposition
Undatiert (um 1965). Öl auf Leinwand, 65 x 55 cm, unsigniert
Privatbesitz

**Kat.-Nr. 98**
St. Rupert mit Salzburg-Komposition
Undatiert (um 1965). Öl auf Leinwand,
85,5 x 55,5 cm, unsigniert
Gemeinde St. Georgen

**Kat.-Nr. 99**
Landschaft mit breitem Schatten
1965. Öl auf Leinwand, 60 x 70 cm, signiert und datiert unten rechts: „GR 65"
Gemeinde St. Georgen

**Kat.-Nr. 100**
Wilder Kaiser
1966
Verbleib unbekannt
Ausgestellt 1966 in der Galerie im Mirabell-Casino

**Kat.-Nr. 101**
Blick über den See
1966. Öl auf Leinwand, 70 x 80 cm, signiert und datiert unten rechts: „GR 66"
Privatbesitz

**Kat.-Nr. 102**
Blumen vor dem Haus
Undatiert (1965/66). Öl auf Leinwand, 73 x 50 cm, unsigniert
Privatbesitz

**Kat.-Nr. 103**
Stillleben mit Rittersporn
1967. Öl auf Leinwand, 60 x 41 cm, signiert und datiert unten rechts: „GR 67"
Privatbesitz

**Kat.-Nr. 104**
Dorf vor den Hügeln
1967. Öl auf Holzfaserplatte, 40,5 x 55 cm, signiert und datiert unten rechts: „G.R. 11/67"
Gemeinde St. Georgen

**Kat.-Nr. 105**
Von Bäumen umsäumtes Dorf
1967. Öl auf Leinwand, 70,5 x 80,5 cm, signiert und datiert unten rechts: „GR 67"
Gemeinde St. Georgen

**Kat.-Nr. 106**
Dorf mit Schloss abseits
1967. Öl auf Leinwand, 70,5 x 81 cm, signiert und datiert unten rechts: „GR 67"
Gemeinde St. Georgen

**Kat.-Nr. 107**
Stadt an der Flussbiegung
1967. Öl auf Holzfaserplatte, 55 x 65 cm, signiert und datiert unten rechts: „GR 67"
Gemeinde St. Georgen

**Kat.-Nr. 108**
Gewitter über den Bergen
1967. Öl auf Leinwand, 60 x 75,5 cm, signiert und datiert unten rechts: „G.R. 67"
Gemeinde St. Georgen

**Kat.-Nr. 109**
Durlaßboden (Kaprun)
1967. Öl auf Leinwand, 70 x 80 cm, signiert und datiert unten rechts: „Georg Rendl 1967"
Verbund-Austrian Hydro Power AG, Wien

**Kat.-Nr. 110**
Magische Gebirgslandschaft I
1967. Öl auf Leinwand, 60 x 70 cm, signiert und datiert unten rechts: „GR 67"
Gemeinde St. Georgen

**Kat.-Nr. 111**
Gebirgstal mit Straße
1967. Öl auf Holzfaserplatte, 59,5 x 75 cm, signiert und datiert unten rechts: „Georg Rendl 1967"
Gemeinde St. Georgen

**Kat.-Nr. 112**
Magische Gebirgslandschaft II
1967. Öl auf Leinwand, 60,5 x 70 cm, signiert und datiert unten rechts: „G.R. 67"
Gemeinde St. Georgen

**Kat.-Nr. 113**
Magische Gebirgslandschaft III
1967. Öl auf Leinwand, 60 x 70 cm, signiert und datiert unten rechts: „GR.67"
Gemeinde St. Georgen

**Kat.-Nr. 114**
Krimml
1967. Öl auf Leinwand, 74,8 x 59 cm, signiert und datiert unten rechts: „G.R 67"
Gemeinde St. Georgen

**Kat.-Nr. 115**
Staufen mit Königskerze
1967. Öl auf Leinwand, 40,5 x 55 cm, signiert und datiert unten rechts: „GR 67"
Salzburger Museum Carolino Augusteum,
Inv.-Nr. 1001/2003

**Kat.-Nr. 116**
Flachgau im Sommer
1967. Öl auf Leinwand, 60 x 70 cm, signiert und datiert unten rechts: „GR 67"
Gemeinde St. Georgen

**Kat.-Nr. 117**
Kirche auf gelbem Hügel
1967. Öl auf Holzfaserplatte, 53 x 64,5 cm, signiert und datiert unten rechts: „GR 67"
Gemeinde St. Georgen

**Kat.-Nr. 118**
Baum in Strahlenlandschaft
1967. Öl auf Leinwand, 80 x 60 cm, signiert und datiert unten rechts: „GR 67"
Gemeinde St. Georgen

**Kat.-Nr. 119**
Schloss Goldenstein
1967. Öl auf Holzfaserplatte, 44,5 x 52,5 cm, signiert und datiert unten rechts: „GR 67/11"
Gemeinde St. Georgen

**Kat.-Nr. 120**
Kirchlein vor blauem Berg
1968. Öl auf Leinwand, 60 x 50 cm, signiert und datiert unten rechts: „GR 68"
Gemeinde St. Georgen

**Kat.-Nr. 121**
Salzachebene vor Schmittenstein
1968. Öl auf Holzfaserplatte, 48 x 60 cm, signiert und datiert unten rechts: „GR 68"
Gemeinde St. Georgen

**Kat.-Nr. 122**
Kapelle, von Bäumen flankiert
1968. Öl auf Leinwand, 69,5 x 60 cm, signiert und datiert unten rechts: „GR 68"
Gemeinde St. Georgen

**Kat.-Nr. 123**
Grüne Landschaft mit blauem Bach
1968. Öl auf Holzfaserplatte, 45 x 55 cm, datiert unten rechts: „GR 68"
Gemeinde St. Georgen

**Kat.-Nr. 124**
Maria Bühel mit Föhn-Wolkendecke
1968. Öl auf Holzfaserplatte, 46 x 61 cm, signiert und datiert unten rechts: „GR 68"
Gemeinde St. Georgen

**Kat.-Nr. 125**
Mähdrescher im Feld
1968. Öl auf Holzfaserplatte, 40,7 x 52 cm, signiert und datiert unten rechts: „GR 68"
Gemeinde St. Georgen

**Kat.-Nr. 126**
Dorf vor Bergkamm
1968. Öl auf Leinwand, 43 x 52 cm, signiert und datiert unten rechts: „G.R. 68"
Gemeinde St. Georgen

**Kat.-Nr. 127**
Grüne Wiesen
1968. Öl auf Leinwand, 60 x 70 cm, signiert und datiert unten rechts: „GR 68"
Gemeinde St. Georgen

**Kat.-Nr. 128**
Selbstporträt mit rot-braunem Streifen
1968. Öl auf Leinwand, 80 x 70 cm, signiert und datiert unten rechts: „GR 68"
Gemeinde St. Georgen

**Kat.-Nr. 129**
Rendlhaus in St. Georgen / Au
1968. Öl auf Leinwand, 40 x 50, cm, signiert und datiert unten rechts: „GR 68"
Privatbesitz

**Kat.-Nr. 130**
Kirche in St. Georgen
1968. Öl auf Leinwand, 40 x 50 cm, signiert und datiert unten rechts: „GR 68"
Privatbesitz

**Kat.-Nr. 131**
Kleine Alpenvorlandschaft
1968. Öl auf Leinwand, 40 x 50 cm, signiert und datiert unten rechts: „GR 68"
Privatbesitz

**Kat.-Nr. 132**
Große Sonnenblumen
1968. Öl auf Leinwand, 70 x 60 cm, signiert und datiert unten Mitte „GR 68"
Privatbesitz

**Kat.-Nr. 133**
Landschaft mit Häusern in Herbstfarben
1968. Öl auf Leinwand, 55 x 66 cm, signiert und datiert unten rechts: „GR 68"
Magistrat Stadt Salzburg, Inv.-Nr. 36/71

**Kat.-Nr. 134**
Gelber Baum
1968. Öl auf Leinwand, 60 x 70 cm, signiert und datiert unten rechts: „GR 68"
Privatbesitz

**Kat.-Nr. 135**
Porträt einer jungen Frau
1968. Öl auf Leinwand, 70 x 60 cm, signiert und datiert unten rechts: „GR 68"
Gemeinde St. Georgen

**Kat.-Nr. 136**
Selbstporträt mit rechter Hand
1968. Öl auf Holzfaserplatte, 75,5 x 59,3 cm, signiert und datiert unten rechts: „GR 68"
Gemeinde St. Georgen

**Kat.-Nr. 137**
Quittenbaum
1968. Öl auf Holzfaserplatte, 83,5 x 60 cm, signiert und datiert unten rechts: „GR 68"
Amt der Salzburger Landesregierung, Inv.-Nr. 1111130030

**Kat.-Nr. 138**
Schwertlilie im Glas
1968. Öl auf Holzfaserplatte, 64,5 x 50 cm, signiert und datiert unten rechts: „GR 68"
Privatbesitz

**Kat.-Nr. 139**
Landschaft unter feurigem Himmel
1968. Öl auf Leinwand, 60 x 69 cm, signiert und datiert unten rechts: „G.R. 68"
Gemeinde St. Georgen

**Kat.-Nr. 140**
Anhänger vor Untersberg
1968. Öl auf Leinwand, 60 x 70,5 cm, signiert und datiert unten rechts: „GR 68"
Gemeinde St. Georgen

**Kat.-Nr. 141**
Weg mit Pappeln
1968. Öl auf Holzfaserplatte, 49 x 38 cm, signiert und datiert unten rechts: „GR 68"
Gemeinde St. Georgen

**Kat.-Nr. 142**
Föhnsturm
1968. Öl auf Leinwand, 84 x 59 cm, signiert und datiert unten rechts: „GR 68"
Privatbesitz

**Kat.-Nr. 143**
Königskerze im Torffeld
1968. Öl auf Leinwand, 65 x 55,5 cm, signiert und datiert unten rechts: „GR 68"
Gemeinde St. Georgen

**Kat.-Nr. 144**
Violettes Feld vor Kirche
1969. Öl auf Leinwand, 53 x 63 cm, signiert und datiert unten rechts: „GR 69"
Privatbesitz

**Kat.-Nr. 145**
Frühling im Flachgau
1969. Öl auf Leinwand, 65 x 74,4 cm, signiert und datiert unten rechts: „GR 69"
Privatbesitz

**Kat.-Nr. 146**
Selbstporträt mit Zigarette
1969. Öl auf Holzfaserplatte, 90 x 69 cm, signiert und datiert unten links: „Georg Rendl 1969"
Gemeinde St. Georgen

**Kat.-Nr. 147**
Reisebild mit weißem Schiff und Moschee
1969. Öl auf Leinwand, 65 x 55 cm, signiert und datiert unten rechts: „GR 69"
Gemeinde St. Georgen

**Kat.-Nr. 148**
Geschichte einer Begegnung
1969. Öl auf Leinwand, 65 x 75,5 cm, signiert und datiert unten rechts: „GR 69"
Gemeinde St. Georgen

**Kat.-Nr. 149**
Leopoldskron mit Hl. Nepomuk und Torfziegelturm
1969. Öl auf Leinwand, 55 x 65 cm, signiert und
datiert unten rechts: „G.R. 69"
Gemeinde St. Georgen

**Kat.-Nr. 150**
Madonna
Undatiert, unvollendet. Öl auf Holzfaserplatte,
70 x 61 cm, unsigniert
Gemeinde St. Georgen

**Kat.-Nr. 151**
Bäuerlicher Blumenbund
Undatiert (1969/70). Öl auf Leinwand, 25 x 20 cm,
unsigniert
Gemeinde St. Georgen

**Kat.-Nr. 152**
Junge Frau mit Perlenkette
Undatiert (1969/70). Öl auf Leinwand, 60 x 50 cm,
unsigniert
Gemeinde St. Georgen

**Kat.-Nr. 153**
Selbstporträt in dunklem Kardinalrot
Undatiert (um 1969). Öl auf Leinwand, 80 x 70 cm,
unsigniert
Gemeinde St. Georgen

**Kat.-Nr. 154**
Bildnis Georg Trakl
Undatiert (um 1969/70). Öl auf Leinwand,
50 x 40,5 cm, unsigniert
Gemeinde St. Georgen

**Kat.-Nr. 155**
Baum und Königskerzenspross
1969. Öl auf Leinwand, 65 x 55 cm, signiert und
datiert unten rechts: „G.R. 69"
Gemeinde St. Georgen

**Kat.-Nr. 156**
Spannungen I
Undatiert (1969). Öl auf Leinwand, 49,5 x 60 cm,
unsigniert
Gemeinde St. Georgen

**Kat.-Nr. 157**
Spannungen II
Undatiert (1969). Öl auf Leinwand, 70 x 49,5 cm,
unsigniert
Gemeinde St. Georgen

**Kat.-Nr. 158**
Spannungen III
1969. Öl auf Leinwand, 59,5 x 50 cm, signiert und
datiert unten rechts: „G.R. 69"
Gemeinde St. Georgen

**Kat.-Nr. 159**
Sonnenblumen in grüner Vase
1969. Öl auf Leinwand, 65 x 55 cm, signiert und
datiert unten rechts: „G.R. 69"
Privatbesitz

**Kat.-Nr. 160**
Blauer Tisch mit Blumen in der Vase, Aufsicht
Undatiert (1969/70). Öl auf Leinwand, 55 x 45 cm,
unsigniert
Gemeinde St. Georgen

**Kat.-Nr. 161**
Kuh und Rabe am Grab
1969. Öl auf Leinwand, 60 x 70 cm, signiert und
datiert unten rechts: „IX 69"
Gemeinde St. Georgen

**Kat.-Nr. 162**
Häuser
Undatiert (um 1969). Öl auf Leinwand, 50 x 60 cm,
unsigniert
Gemeinde St. Georgen

**Kat.-Nr. 163**
Hund, erstarrt am Grab
1970. Öl auf Holzfaserplatte, 70,5 x 79,5 cm, signiert
und datiert unten rechts: „G. Rendl 70"
Privatbesitz

**Kat.-Nr. 164**
Untersberg mit Dorf
1970. Öl auf Holzfaserplatte, 55,5 x 65 cm, signiert
und datiert unten rechts: „G.R. 70"
Gemeinde St. Georgen

**Kat.-Nr. 165**
Untersberg in Gelb
1970. Öl auf Holzfaserplatte, 54,5 x 64,5 cm, signiert
und datiert unten rechts: „G.R. 70"
Gemeinde St. Georgen

**Kat.-Nr. 166**
St. Georgen mit Filialkirchen
1970. Öl auf Holzfaserplatte, 80 x 90 cm, signiert
und datiert unten rechts: „G.R. 70"
Gemeinde St. Georgen

**Kat.-Nr. 167**
Gegen den Untersberg
1970. Öl auf Holzfaserplatte, 55,5 x 64,5 cm, signiert und datiert unten rechts: „GR 70"
Privatbesitz

**Kat.-Nr. 168**
Rosa Haus im Grünen
1970. Öl auf Holzfaserplatte, 50,5 x 60 cm, signiert und datiert unten rechts: „G.R. 70"
Gemeinde St. Georgen

**Kat.-Nr. 169**
Wolkenlandschaft
1970. Öl auf Holzfaserplatte, 60 x 50 cm, signiert und datiert unten rechts: „G.R. 70"
Gemeinde St. Georgen

**Kat.-Nr. 170**
Besonnte Landschaft
1970. Öl auf Holzfaserplatte, 50 x 60 cm, signiert und datiert unten rechts: „G.R. 70"
Gemeinde St. Georgen

**Kat.-Nr. 171**
Schneeschmelze mit Rendlhaus
1970. Öl auf Leinwand, 62 x 72 cm, signiert und datiert unten rechts: „G.R. 70"
Privatbesitz

**Kat.-Nr. 172**
Metaphysische Landschaft
1970. Öl auf Holzfaserplatte, 60 x 70,5 cm, signiert und datiert unten rechts: „GR 70"
Gemeinde St. Georgen

**Kat.-Nr. 173**
Die trunkene Reise
1971. Öl auf Leinwand, 80 x 70 cm, signiert und datiert unten rechts: „GR 71"
Privatbesitz

**Kat.-Nr. 174**
Die Glasbläser von Bürmoos
1971. Öl auf Leinwand, 69,5 x 79,5 cm, signiert und datiert unten rechts: „Georg Rendl 71"
Privatbesitz

**Kat.-Nr. 175**
Lila Türme auf Hügel
1971. Öl auf Leinwand, 50 x 40 cm, signiert und datiert unten rechts: „Georg Rendl 71"
Gemeinde St. Georgen

**Kat.-Nr. 176**
Kreisende Sonnenblumen
1971. Öl auf Leinwand, 82 x 92 cm, signiert und datiert unten rechts: „Georg Rendl 71"
Privatbesitz

**Kat.-Nr. 177**
Blumen in brauner Topfvase
Undatiert (1971). Öl auf Holzfaserplatte, 50 x 40 cm, unsigniert
Gemeinde St. Georgen

**Kat.-Nr. 178**
Blumen in roter Topfvase auf Orange
1971. Öl auf Holzfaserplatte, 50 x 40 cm, signiert und datiert unten rechts: „Georg Rendl 71"
Gemeinde St. Georgen

**Kat.-Nr. 179**
Mohnblumen auf Gelb
1971. Öl auf Holzfaserplatte, 70,4 x 60 cm, signiert und datiert unten rechts: „G.R. 1971"
Gemeinde St. Georgen

**Kat.-Nr. 180**
Stockrosen auf Blau
1971. Öl auf Holzfaserplatte, 70 x 60 cm, signiert und datiert unten rechts: „G.R. 71"
Gemeinde St. Georgen

**Kat.-Nr. 181**
Blumenstillleben, abstrahiert
1971. Öl auf Leinwand, 70 x 55 cm, signiert und datiert unten rechts: „G.R. 71"
Gemeinde St. Georgen

**Kat.-Nr. 182**
Pappeln im Sturm
1971. Öl auf Holzfaserplatte, 70 x 60 cm, signiert und datiert unten rechts: „Georg Rendl 71"
Gemeinde St. Georgen

**Kat.-Nr. 183**
Königskerze vor Rundbogen
1971. Öl auf Leinwand, 90 x 70 cm, signiert und datiert unten rechts: „Georg Rendl 71"
Gemeinde St. Georgen

**Kat.-Nr. 184**
Eingang zur Franziskus-Kapelle
1971?
Verbleib unbekannt

**Kat.-Nr. 185**
Eucharistische Landschaft
1971. Öl auf Leinwand, 70 x 80 cm, signiert und datiert unten rechts: „G.R. 71"
Gemeinde St. Georgen

**Kat.-Nr. 186**
Erscheinung am Teich
1971. Öl auf Holzfaserplatte, 55 x 65 cm, signiert und datiert unten rechts: „G.R. 71"
Gemeinde St. Georgen

**Kat.-Nr. 187**
Lebensbilder mit Biene und Schwalbe
1971. Öl auf Leinwand, 70 x 79,5 cm, signiert und datiert unten rechts: „Georg Rendl 71"
Gemeinde St. Georgen

**Kat.-Nr. 188**
Blick über Hügel
1971. Öl auf Leinwand, 60 x 50 cm, signiert und datiert unten rechts: „Georg Rendl 71"
Privatbesitz

**Kat.-Nr. 189**
Kühe in Untereching
1971. Öl auf Leinwand, 60 x 70 cm, signiert und datiert unten rechts: „Georg Rendl 71"
Gemeinde St. Georgen

**Kat.-Nr. 190**
Selbstporträt
1971. Öl auf Leinwand, 70 x 60 cm, signiert und datiert unten rechts: „Georg Rendl 1971"
Salzburger Museum Carolino Augusteum,
Inv.-Nr. 112/71

**Kat.-Nr. 191**
Glasvase mit blauen Lupinien
1971. Öl auf Leinwand, 54,5 x 34,5 cm, signiert und datiert unten rechts: „GR 71"
Privatbesitz

**Kat.-Nr. 192**
Blick auf Wiestalsee
1971. Öl auf Leinwand, 70 x 60 cm, signiert und datiert unten rechts: „Georg Rendl 71"
Privatbesitz

**Kat.-Nr. 193**
Sonnenblumen im Gemüsegarten
1971. Öl auf Leinwand, 60 x 50 cm, signiert und datiert unten rechts: „Georg Rendl 71"
Gemeinde St. Georgen

**Kat.-Nr. 194**
Sonnenblumen vor Kornfeld
1971. Öl auf Leinwand, 60 x 50 cm, signiert und datiert unten rechts: „Georg Rendl 71"
Gemeinde St. Georgen

**Kat.-Nr. 195**
Eiche in der Au
1971. Öl auf Leinwand, 75 x 65 cm, signiert und datiert unten rechts: „Georg Rendl 71"
Privatbesitz

**Kat.-Nr. 196**
Haunsberg im Herbst
1971. Öl auf Leinwand, 60 x 70 cm, signiert und datiert unten rechts: „Georg Rendl 71"
Privatbesitz

**Kat.-Nr. 197**
Untereching im Herbst
1971. Signiert und datiert unten rechts: „Georg Rendl 71"
Verbleib unbekannt

**Kat.-Nr. 198**
Abschied der Vögel
Undatiert (1971). Öl auf Leinwand, 40 x 50 cm, unsigniert
Gemeinde St. Georgen

Kat.-Nr. 18　　　　　　　　　　　　　　　　　　　　　　　　　　　　　Haus unter Bäumen, 1940

Blumenstillleben auf blauem Tisch, 1933

Kat.-Nr. 11

Stillleben mit Kaktus, 1932

Untersberg, von Bäumen flankiert, 1949 Kat.-Nr. 22

Kat.-Nr. 13　　　　　　　　　　　　　　　　　　　　　　　　　　　　Glashütte Bürmoos, 1935

Garten, 1939

Kat.-Nr. 14

Kat.-Nr. 21                                    Mein Brunnen, 1948

Alpenvorland mit Untersberg und Staufen, 1963

Kat.-Nr. 32

Kat.-Nr. 57  Stahlbrücke in St. Georgen, 1964

St. Georgen (Landschaftskomposition mit Rendhaus), 1964 Kat.-Nr. 49

Kat.-Nr. 27    Weiher I, 1963

Kapelle, 1965

Kat.-Nr. 84    Flusslandschaft mit Staufen, 1965

Durlaßboden (Kaprun), 1967     Kat.-Nr. 109

Kat.-Nr. 91  Blick vom Hochhaus gegen Mülln, 1965

Staufen mit Königskerze, 1967

Kat.-Nr. 72  Betonmast vor dem Göll, 1965

Im Stubaital, 1965 — Kat.-Nr. 76

Kat.-Nr. 99  Landschaft mit breitem Schatten, 1965

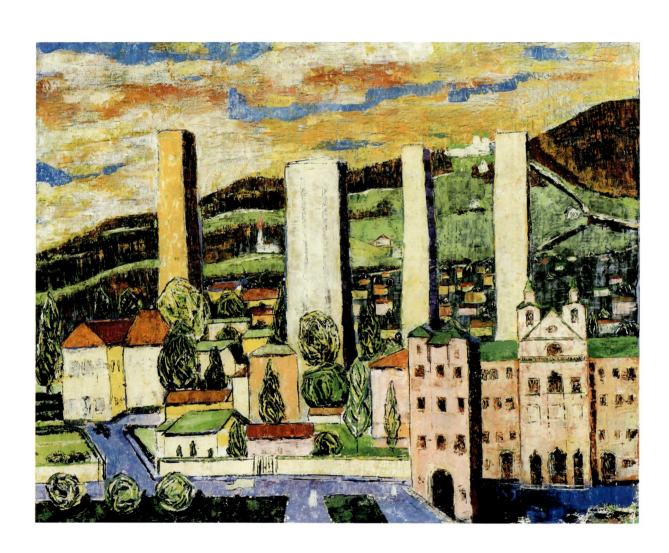

Blick vom Hochhaus gegen Maria Plain, 1965   Kat.-Nr. 92

Kat.-Nr. 74  Heumandln in Ostermiething I, 1965

Schloss Fuschl, 1964

Kat.-Nr. 54

Kat.-Nr. 140　　　　　　　　　　　　　　　　　　　　　Anhänger vor Untersberg, 1968

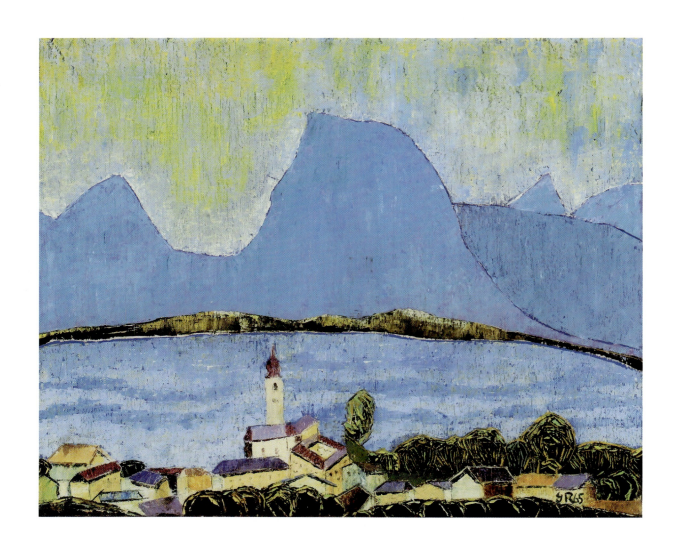

St. Wolfgang, 1965

Kat.-Nr. 82  Maria Bühel bei Oberndorf, 1965

Gelber Baum, 1968

Kat.-Nr. 52　　　　　　　　　　　　　　　　　　　　Ort in Tirol (?), 1964

Salzburg-Komposition, um 1965

Blick über den See, 1966

Magische Gebirgslandschaft I, 1967

Kat.-Nr. 107

Stadt an der Flussbiegung, 1967

Eucharistische Landschaft, 1971

Schneeschmelze mit Rendlhaus, 1970

Kat.-Nr. 171

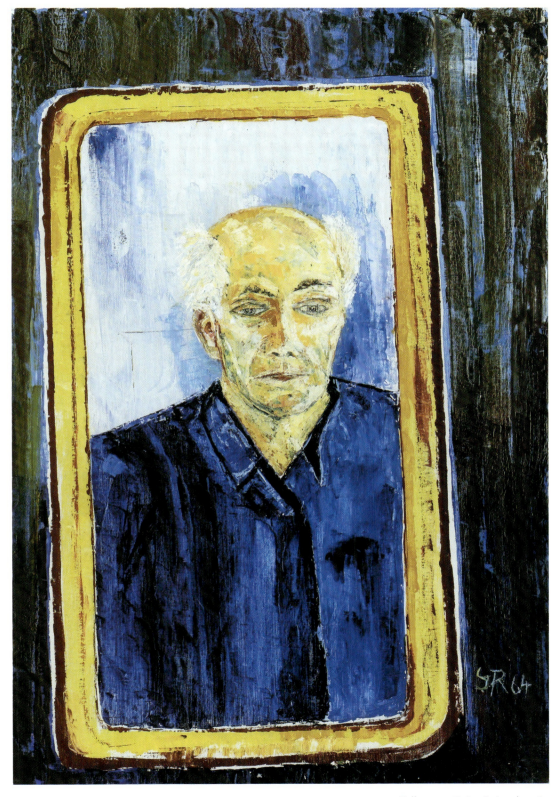

Kat.-Nr. 64　　　　　　　　　　　　　　　　Selbstporträt im Spiegel, 1964

Weg mit Pappeln, 1968

Kat.-Nr. 144  Violettes Feld vor Kirche, 1969

Königskerze im Torffeld, 1968 — Kat.-Nr. 143

Lebensbilder mit Biene und Schwalbe, 1971

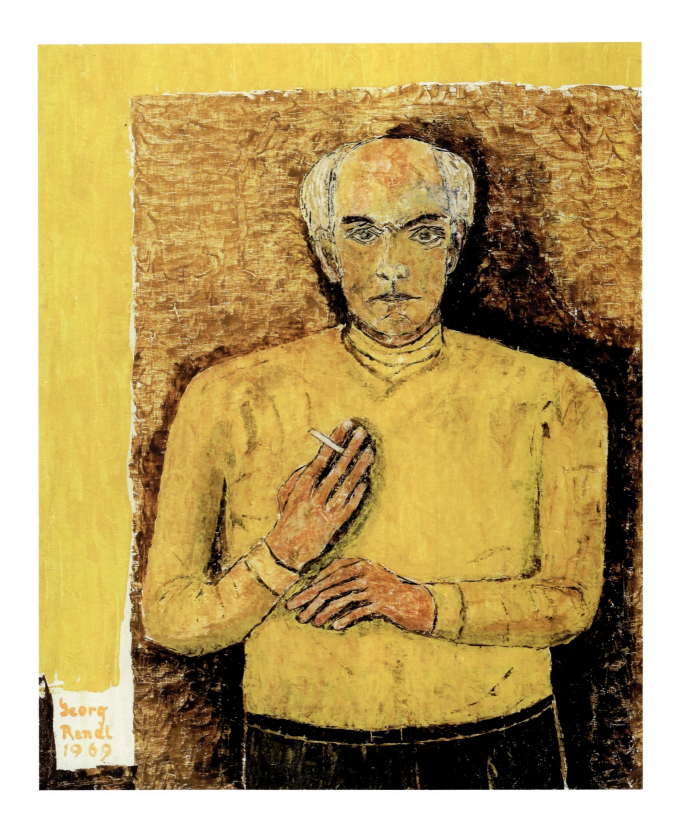

Selbstporträt mit Zigarette, 1969

Kat.-Nr. 146

Kat.-Nr. 195  Eiche in der Au, 1971

Blumen vor dem Haus, 1965/66

Kat.-Nr. 102

Kat.-Nr. 142  Föhnsturm, 1968

Kühe in Untereching, 1971

Kat.-Nr. 189

Kat.-Nr. 196     Haunsberg im Herbst, 1971

Kreisende Sonnenblumen, 1971

Kat.-Nr. 176

Kat.-Nr. 183　　　　　　　　　　　　　　　　　　　　　　　　　Königskerze vor Rundbogen, 1971

Sonnenblumen vor Kornfeld, 1971

Kat.-Nr. 194

Kat.-Nr. 198  Abschied der Vögel, 1971

Mohnblumen auf Gelb, 1971

Kat.-Nr. 179

Kat.-Nr. 180 Stockrosen auf Blau, 1971

Die trunkene Reise, 1971

Kat.-Nr. 173

Kat.-Nr. 174  Die Glasbläser von Bürmoos, 1971

Kuh und Rabe am Grab, 1969

Kat.-Nr. 161

Kat.-Nr. 186　　　　　　　　　　　　　　　　　　　　Erscheinung am Teich, 1971

Haus in der Stille, um 1932     1     2     Stillleben mit Kaktus, 1932 (s.S. 75)

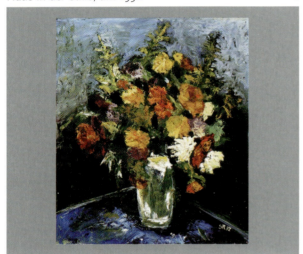 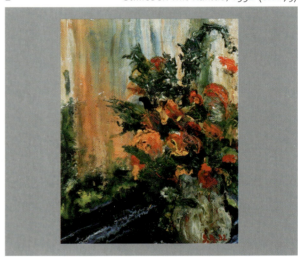

Üppiger Blumenstrauß, 1932     3     4     Sommerblumen in der Vase, 1932

Stillleben mit Blumen und Früchten, 1932     5     6     Landschaft im Moos, 1932

Schloss Leopoldskron mit Gaisberg, 1932          7

8          Haus in Leopoldskron mit Gaisberg, 1932

Bauernhaus im Moos, 1932          9

10          Glashütte Bürmoos, um 1932

Blumenstillleben auf blauem Tisch, 1933 (s.S. 74)          11

12          Rote Häuser unterm Gaisberg, um 1934

Glashütte Bürmoos, 1935 (s.S. 77)     13

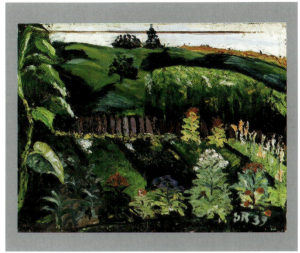
14     Garten, 1939 (s.S. 78)

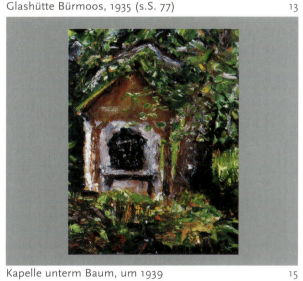
Kapelle unterm Baum, um 1939     15

16     St. Georgen, 1939

Blumenwiese, 1939?     17

18     Haus unter Bäumen, 1940 (s.S. 73)

Griesenau, 1940       19

20       Almlandschaft, 1943

Mein Brunnen, 1948 (s.S. 79)       21

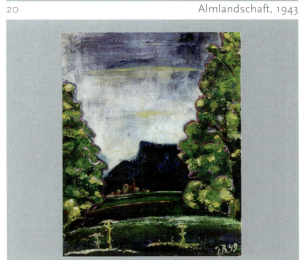
22       Untersberg, von Bäumen flankiert, 1949 (s.S. 76)

Blumenstillleben vor Gitter, 1949       23

24       Blumen im Krug auf rotem Tisch, 1955

Ertrinkendes Reh, 1959    25     26    Blumenstrauß in konischer Vase, 1963

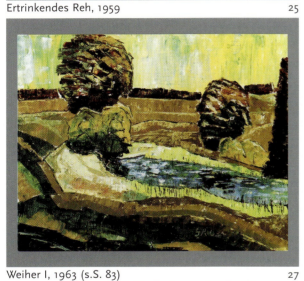

Weiher I, 1963 (s.S. 83)    27     28    Weiher II, 1963?

Blauer Baum am Feldrand, 1963    29     30    Lila Baum im Moos, 1963

Zwei Königskerzen vor Kornfeld, 1963　31　32　Alpenvorland m. Untersberg u. Staufen, 1963 (s.S. 80)

Rittersporn u.a. in blauer Topfvase, 1963　33　34　Pappeln, 1963

Landschaftsstudie, 1963　35　36　Einsamer Baum, 1963

Sonnenblume, 1963     37

38     Mein Bienenhaus, 1963

Im Flachgau, 1963     39

40     Mein Haus, 1963

Rosa Haus am Teich, 1963     41

42     Stockrose, 1963

Dürrer Baum im Frühling, 1963   43   44   Untereching, 1963

Blumen in Kugelvase mit Blüte, 1963   45   46   Königskerze u.a. in Kugelvase, 1963

Sonnenblumen und Kerze, 1963   47   48   Blumen in gelb-grüner Vase, 1964

St. Georgen mit Rendlhaus, 1964 (s.S. 82)  49

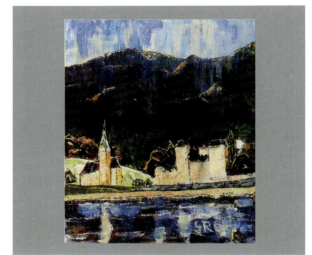
50  Goldegg, 1964

Zell am See, 1964  51

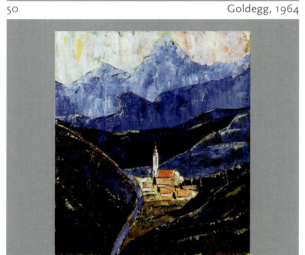
52  Ort in Tirol (?), 1964 (s.S. 99)

Untereching, 1964  53

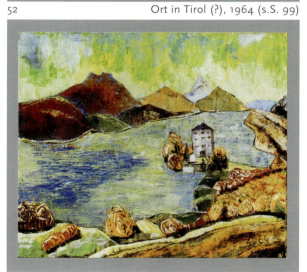
54  Schloss Fuschl, 1964 (s.S. 94)

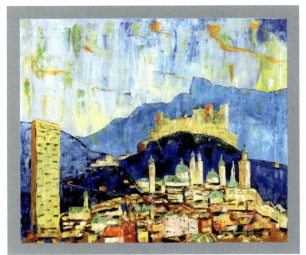
Salzburg mit Hochhaus, 1964

Ansicht von Oberndorf / Laufen, 1964

Stahlbrücke in St. Georgen, 1964 (s.S. 81)

Felder und Berge, 1964

Unbekannter Ort, 1964

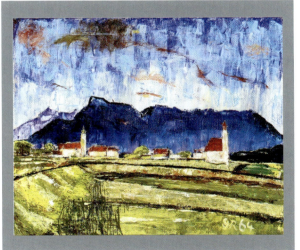
Voralpenlandschaft, 1964

Kornfeld, 1964 — 61    62 — Hl. Franziskus von Assisi, 1964

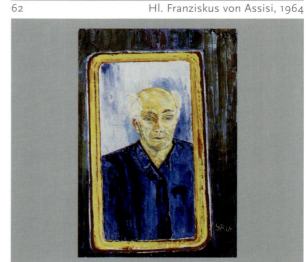

Hl. Franziskus von Assisi, 1964? — 63    64 — Selbstporträt im Spiegel, 1964 (s.S. 107)

Abgestecktes Beet in der Ebene, 1965 — 65    66 — Pappel am Damm, 1965

67  Kapelle, 1965 (s.S. 84)       68  Ellmau, Tirol, 1965

69  St. Wolfgang, 1965 (s.S. 96)  70  St. Gilgen, 1965

71  Gegend (Golling), 1965        72  Betonmast vor dem Göll, 1965 (s.S. 89)

Felswände, 1965    73

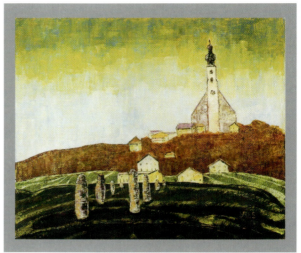
74    Heumandln in Ostermiething I, 1965 (s.S. 93)

Ostermiething II, 1965    75

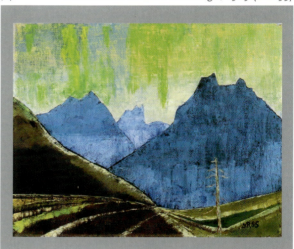
76    Im Stubaital, 1965 (s.S. 90)

Weihnachtsbild, 1965    77

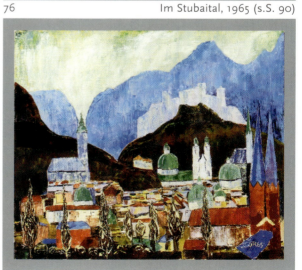
78    Blick auf Salzburg, 1965

St. Georgen, 1965

Bergwerk Trimmelkam, 1965

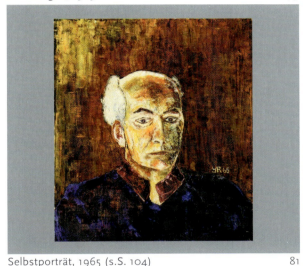
Selbstporträt, 1965 (s.S. 104)

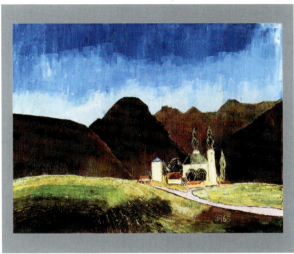
Maria Bühel bei Oberndorf, 1965 (s.S. 97)

Obereching, 1965

Flusslandschaft mit Staufen, 1965 (s.S. 85)

Kirche und Fördertürme, 1965    85

86    Tarsdorf, 1965

Michaelbeuern, 1965    87

88    Blick vom Hochhaus mit Gaisberg, 1965

Blick vom Hochhaus gegen St. Sebastian, 1965    89

90    Blick vom Hochhaus gegen Bergheim, 1965

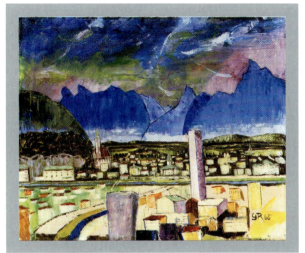

Blick vom Hochhaus gegen Mülln, 1965 (s.S. 87)  91

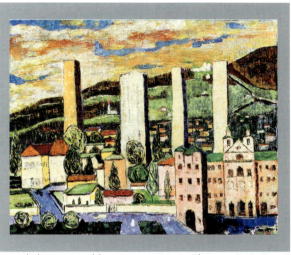

92  Blick vom Hochhaus gegen Maria Plain, 1965 (s.S. 92)

Föhnstimmung, 1965  93

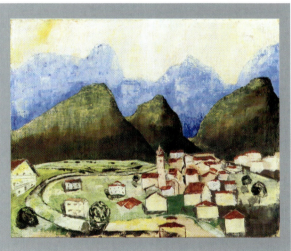

94  Lofer, 1965

Mondsee mit Schafberg, um 1965  95

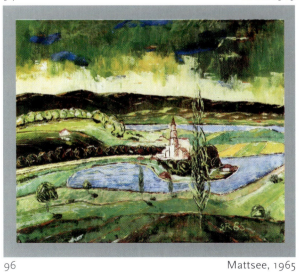

96  Mattsee, 1965

 Salzburg-Komposition, um 1965 (s.S. 100) 97

98 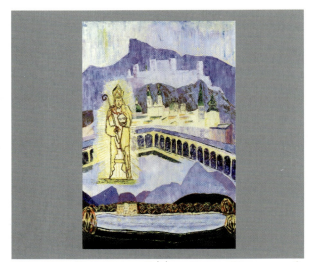 St. Rupert m. Salzburg-Komposition, um 1965

 Landschaft mit breitem Schatten, 1965 (s.S. 91) 99

100 Wilder Kaiser, 1966

 Blick über den See, 1966 (s.S. 101) 101

102  Blumen vor dem Haus, 1965? (s.S. 114)

Stillleben mit Rittersporn, 1967          103

104          Dorf vor den Hügeln, 1967

Von Bäumen umsäumtes Dorf, 1967          105

106          Dorf mit Schloss abseits, 1967

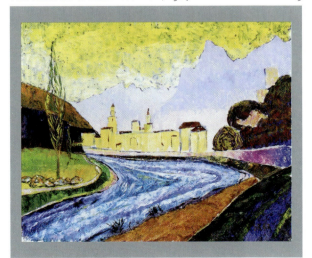
Stadt an der Flussbiegung, 1967 (s.S. 103)          107

108          Gewitter über den Bergen, 1967

Durlaßboden (Kaprun), 1967 (s.S. 86)   109

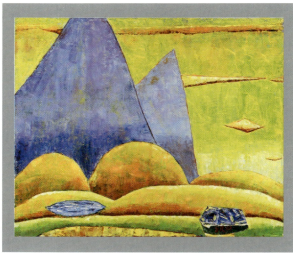

110   Magische Gebirgslandschaft I, 1967 (s.S. 102)

Gebirgstal mit Straße, 1967   111

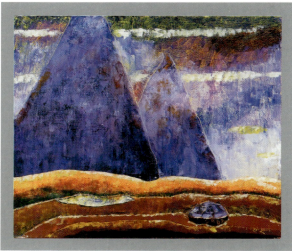

112   Magische Gebirgslandschaft II, 1967

Magische Gebirgslandschaft III, 1967   113

114   Krimml, 1967

Staufen mit Königskerze, 1967 (s.S. 88) 115

116 Flachgau im Sommer, 1967

Kirche auf gelbem Hügel, 1967 117

118 Baum in Strahlenlandschaft, 1967

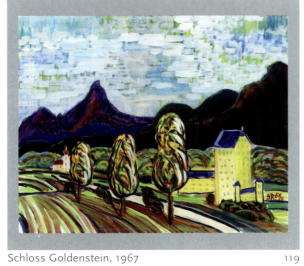
Schloss Goldenstein, 1967 119

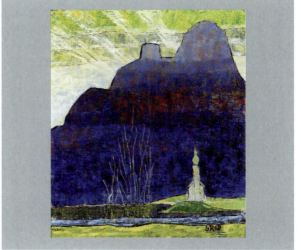
120 Kirchlein vor blauem Berg, 1968

Salzachebene vor Schmittenstein, 1968　　121

122　　Kapelle, von Bäumen flankiert, 1968

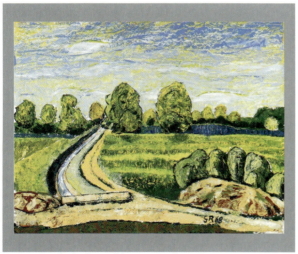
Grüne Landschaft mit blauem Bach, 1968　　123

124　　Maria Bühel mit Föhn-Wolkendecke, 1968

Mähdrescher im Feld, 1968　　125

126　　Dorf vor Bergkamm, 1968

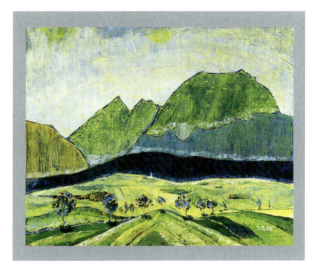
Grüne Wiesen, 1968 — 127

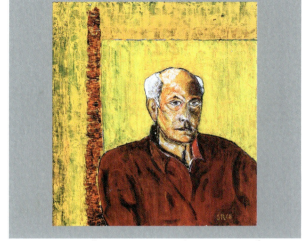
128 — Selbstporträt mit rot-braunem Streifen, 1968

Rendlhaus in St. Georgen / Au, 1968 — 129

130 — Kirche in St. Georgen, 1968

Kleine Alpenvorlandschaft, 1968 — 131

132 — Große Sonnenblumen, 1968

133 Landschaft mit Häusern in Herbstfarben, 1968      134 Gelber Baum, 1968 (s.S. 98)

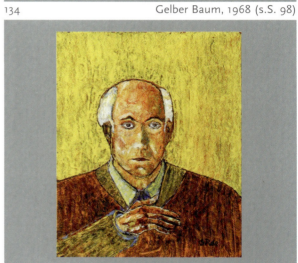

135 Porträt einer jungen Frau, 1968      136 Selbstporträt mit rechter Hand, 1968

137 Quittenbaum, 1968      138 Schwertlilie im Glas, 1968

Landschaft unter feurigem Himmel, 1968   139

140   Anhänger vor Untersberg, 1968 (s.S. 95)

Weg mit Pappeln, 1968 (s.S. 108)   141

142   Föhnsturm, 1968 (s.S. 115)

Königskerze im Torffeld, 1968 (s.S. 110)   143

144   Violettes Feld vor Kirche, 1969 (s.S. 109)

Frühling im Flachgau, 1969          145

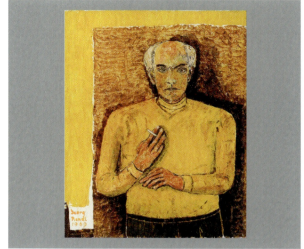
146          Selbstporträt mit Zigarette, 1969 (s.S. 112)

Reisebild mit weißem Schiff und Moschee, 1969          147

148          Geschichte einer Begegnung, 1969

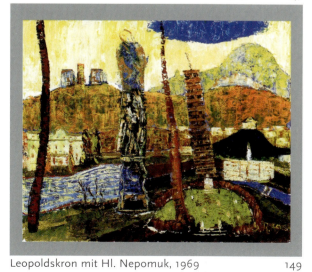
Leopoldskron mit Hl. Nepomuk, 1969          149

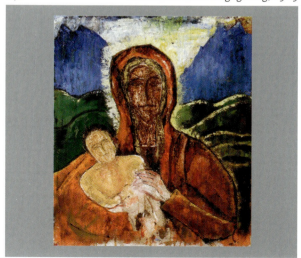
150          Madonna, um 1969

Bäuerlicher Blumenbund, 1969/70 151

152  Junge Frau mit Perlenkette, 1969/70

Selbstporträt in dunklem Kardinalrot, um 1969 153

154  Bildnis Georg Trakl, um 1969/70

Baum und Königskerzenspross, 1969 155

156  Spannungen I, 1969

Spannungen II, 1969    157

158    Spannungen III, 1969

Sonnenblumen in grüner Vase, 1969    159

160    Blauer Tisch m. Blumen in der Vase, 1969/70

Kuh und Rabe am Grab, 1969 (s.S. 126)    161

162    Häuser, um 1969

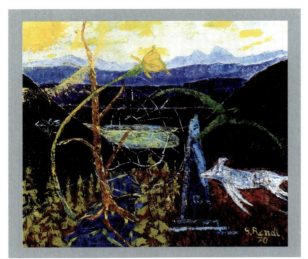

163 Hund, erstarrt am Grab, 1970

164 Untersberg mit Dorf, 1970

165 Untersberg in Gelb, 1970

166 St. Georgen mit Filialkirchen, 1970

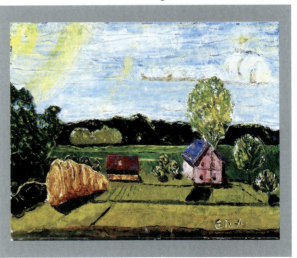

167 Gegen den Untersberg, 1970

168 Rosa Haus im Grünen, 1970

Wolkenlandschaft, 1970    169            170    Besonnte Landschaft, 1970

Schneeschmelze mit Rendlhaus, 1970 (s.S. 106)    171            172    Metaphysische Landschaft, 1970

Die trunkene Reise, 1971 (s.S. 124)    173            174    Die Glasbläser von Bürmoos, 1971 (s.S. 125)

175 Lila Türme auf Hügel, 1971                176 Kreisende Sonnenblumen, 1971 (s.S. 118)

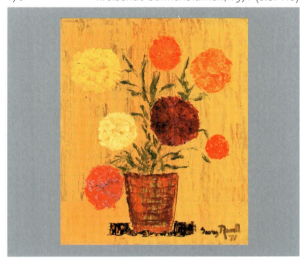

177 Blumen in brauner Topfvase, 1971          178 Blumen in roter Topfvase auf Orange, 1971

179 Mohnblumen auf Gelb, 1971 (s.S. 122)      180 Stockrosen auf Blau, 1971 (s.S. 123)

Blumenstillleben, abstrahiert, 1971   181

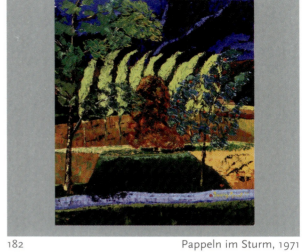
182   Pappeln im Sturm, 1971

Königskerze vor Rundbogen, 1971 (s.S. 119)   183

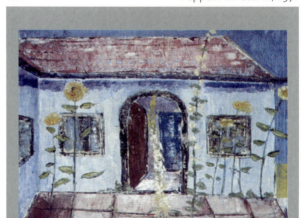
184   Eingang zur Franziskus-Kapelle, 1971?

Eucharistische Landschaft, 1971 (s.S. 105)   185

186   Erscheinung am Teich, 1971 (s.S. 127)

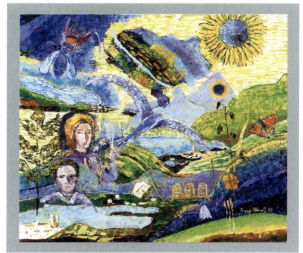
Lebensbilder mit Biene und Schwalbe, 1971 (s.S. 111)   187

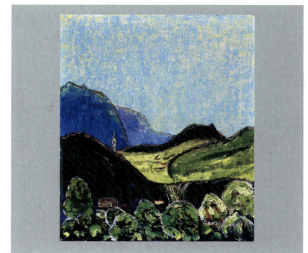
188   Blick über Hügel, 1971

Kühe in Untereching, 1971 (s.S. 116)   189

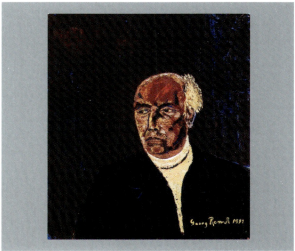
190   Selbstporträt, 1971

Glasvase mit blauen Lupinien, 1971   191

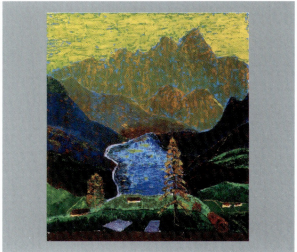
192   Blick auf Wiestalsee, 1971

193  Sonnenblumen im Gemüsegarten, 1971

194  Sonnenblumen vor Kornfeld, 1971 (s.S. 120)

195  Eiche in der Au, 1971 (s.S. 113)

196  Haunsberg im Herbst, 1971 (s.S. 117)

197  Obereching im Herbst, 1971

198  Abschied der Vögel, 1971 (s.S. 121)

# Georg Rendl – Der Dichter

Arnold Nauwerck

# Der Salzburger Dichter Georg Rendl

Ein Lebensbild, zusammengestellt aus seinem Nachlass

*„Das will ich dir mitteilen, lieber Mensch".*
(Georg Rendl in seinen Tagebuchnotizen)

Georg Rendl war in den dreißiger Jahren des 20. Jahrhunderts ein im deutschen Sprachraum und darüber hinaus wohlbekannter Dichter. Nach dem Zweiten Weltkrieg verblasste sein Name im weiteren Umkreis, aber bis über die fünfziger Jahre hinaus genoss er in seiner österreichischen Heimat Wertschätzung und Beliebtheit. Nach seinem Tod 1972 geriet er ziemlich schnell in Vergessenheit. Der Zeitgeist hatte seinen Schreibstil und seine Wertvorstellungen überholt. Erst gut zwanzig Jahre später gelang es Hildemar Holl vom Salzburger Literaturarchiv, in der „Salzburger Bibliothek" Rendls beide Hauptwerke, „Die Glasbläser von Bürmoos" (1995) und den „Bienenroman" (1996) im Otto Müller Verlag Salzburg neu herauszugeben.

Georg Rendl war ein außerordentlich vielseitig begabter und außerordentlich tätiger Mensch. Er war Schriftsteller, Dichter, Bühnenautor, Maler und von Haus aus gelernter Imker. Selbst sah er sich stets in erster Linie als Dramatiker, aber es waren seine Bücher, die seinen Ruhm begründeten. In unseren Tagen erscheint seine Malerei als der vielleicht bedeutendste, auf jeden Fall der eindrucksvollste Teil seines Werkes.

Er war ein ungeheuer fleißiger Schreiber. Als ein Getriebener, „im Fieber" pflegte er zu schaffen. Geduld gehörte zu seinen Stärken nicht. Er verfolgte viele Interessen, wollte oft mehr als er konnte, blieb in vielen Anfängen stecken. So haben zahlreiche und wiederholte Ankündigungen kommender Werke, die dann aber nie erschienen sind, zu einiger Verwirrung geführt.

Noch mehr aber wird die Rendl-Forschung erschwert durch die von Rendl selbst inszenierte und gepflegte Legendenbildung um seine Person, die bis zum heutigen Tage das Rendl-Bild bestimmte. 1932 schrieb er für die Deutsche Verlagsanstalt Stuttgart: „Georg Rendl, geboren 1903 zu Zell am See in Salzburg. Sohn eines bekannten Imkers, übernimmt siebzehnjährig die Bewirtschaftung einer Bienenfarm mit über 160 Völkern. Verläßt als Neunzehnjähriger die Heimat, um in Jugoslavien seine Kenntnisse zu erweitern. Kehrt nach Österreich zurück und findet seine Familie völlig verarmt. Georg Rendl wird Bergarbeiter, dann Ziegeleiarbeiter, schließlich gelingt es ihm, in einer Tafel-

Georg Rendl, um 1930

glashütte das Handwerk des Glasbläsers zu erlernen. Die Glashütten aber stellen ihren Betrieb ein und wiederum brotlos geworden, arbeitet Rendl als Bahnarbeiter. Als Arbeits- und Obdachloser schreibt er seine beiden ersten Bücher ‚Der Bienenroman' (Insel-Verlag) und den Roman ‚Vor den Fenstern'".

Mit einigen Ergänzungen und in Variationen wird diese Darstellung fortan wiederholt und weitergegeben, aber fast alles daran ist ungenau und irreführend, manches einfach unrichtig. Rendls Unwille, seinen Lebenslauf, wenn er später darum gebeten wurde, zu beschreiben, ist als Bescheidenheit ausgelegt worden. Offenbar aber war es ihm zunehmend peinlicher geworden, das ihm lieb gewordene Selbstbild zu korrigieren. Seinen großen Lebensroman, den nicht mehr vollendeten „Bettler", wollte er ausdrücklich nicht als Biografie verstanden wissen. Durch die „Unschärfe des Blickes", so sein Credo, wird die „Härte der Wirklichkeit erträglich".

Wie aus den Dokumenten hervorgeht und sich an vielen Belegen zeigen lässt, ist Georg Rendl bei seinen autobiografischen Notizen und Berichten „über mich selbst" mit Zeitpunkten und Zeiträumen sehr großzügig umgegangen und auch Fakten hat er oft im Sinne seines Wunschdenkens umgezeichnet, meistens dramatisiert. „Wirklichkeit" war für ihn nicht das objektive Geschehen, sondern sein subjektives Erleben desselben. Wenn ihm ein paar Wochen wie Jahre vorkamen, so waren es eben Jahre. Beliebig verlegte und mischte er Ereignisse. Ihm war nicht nur, wie er sagte „die Vergangenheit immer zugleich die Gegenwart", sondern ebenso auch die Zukunft, indem er das, was er erträumte, bereits in seine Wirklichkeit einbezog. Noch verständnisvoll schreibt ihm seine Frau Bertha anlässlich offenkundig unzutreffender Beteuerungen: „Wahrscheinlich ist Wahrheit und Dichtung vermengt, wie so oft in Deinem Leben", dichterische Freiheit – höhere Wahrheit eben. Viele nahmen sie für bare Münze. Seine Geschäftspartner und seine Gläubiger sahen es weniger romantisch.

Was berechtigt einen, das Leben eines Menschen bis in seine intimsten Sphären freizulegen und auszuleuchten? Diese Frage muss sich jeder Biograf stellen. Im Falle Georg Rendls ist die Antwort klar. Er selbst hat gewollt, dass sein Nachlass Gegenstand des Interesses Anderer werde. Wiederholt findet man in seinen Tagebüchern diesen Wunsch ausgedrückt. Er hat die Dokumente seines Lebens sorgfältig archiviert und hat gehofft und erwartet, dass sich die Nachwelt mit seiner Person, seinem Leben und seiner Leistung beschäftigen würde.

\*

Georg Rendl wurde am 1. Februar 1903 in Zell am See geboren. Seine Eltern stammten aus Tirol. Der Vater war Bahnbeamter. Von Innsbruck über Zell am See kam er nach Salzburg, wo er als Gebäudemeister (Liegenschaftsverwalter) bei der Staatsbahn angestellt war. In Itzling, nahe des Lokalbahnhofs, baute er sich ein Haus, in dessen Garten er nebenbei eine große Bienenzucht betrieb.

Rendl war von vier Geschwistern, drei Buben und einem Mädchen, der Jüngste und der Liebling seines Vaters. Von Kind auf nahm er Teil an dessen Arbeit mit den Bienen und begleitete den Vater oft auf Reisen in die Dörfer, wo Vater Rendl als Lehrer der Bienenzucht Vorträge und Beratungsstunden abhielt. Es war der Vater, der dem jungen Georg die Augen für die Natur öffnete und ihm die Liebe zur Kreatur und zur Heimat einpflanzte. Georg war ein empfindsamer und aufgeschlossener Bub, der das Gesehene und Erlebte und die Erzählungen und Erklärungen seines Vaters mit offenen Sinnen aufnahm.

In den Schuljahren in Salzburg wurde er ein eifriger Wandervogel. Mit seinen Freunden und Kameraden erwanderte er die Heimat und führte gewissenhaft Buch über seine Fahrten. Auf den „Nestabenden" des Wandervogels wurde das Erlebte besprochen, man erörterte dieses oder jenes Thema oder man machte gemeinsam seine Schulaufgaben. Rendl las viel, verschlang Klassiker und Moderne, begeisterte sich an ihnen und eiferte ihnen nach. Als ihm die Nestabende als Forum nicht mehr genügten, stellte ihm sein Vater 1918 einen ausgedienten Wagen der Lokalbahn in den Garten des Itzlinger Elternhauses, den Rendl sich mit viel Liebe zu seiner „Dichterbude" herrichtete und wo er fortan eigene Treffen mit Gleichgesinnten abhalten konnte. Man las und diskutierte, sang und musizierte, schrieb und komponierte auch selber, die jungen Genies lasen sich gegenseitig ihre Werke vor und fühlten sich bedeutend. Einige lebenslange Freundschaften wurden im „Waggon", auch „Krypta" genannt, geschlossen, und viele der Freunde blieben auch lebenslang der Kunst verbunden, so Josef Kaut, später Redakteur, Landesrat, auch Schriftsteller und Festspielpräsident in Salzburg, Erich Schenk, später Professor der Musikgeschichte in Wien, Heinrich Pflanzl, später Opernsänger in Breslau, Dresden und Berlin, Richard Tomaselli, später im ganzen deutschen Sprachraum bekannter Schauspieler, Wilhelm Kaufmann, später akademischer Maler in Salzburg u.a.

Früh hatte der junge Rendl zu schreiben begonnen und früh hatte er sich zum Dichter berufen gefühlt. Er legte sich den Künstlernamen Nikolaus Ardens zu, Nikolaus nach dem von ihm bewunderten Nikolaus Lenau, Ardens von lateinisch „der Brennende" oder „der Glühende", eine durchaus treffende Beschreibung seines Lebensgefühls. In den Jahren 1918 bis 1922 brach sich seine dichterische Ader gewaltig Bahn. Er verfasste zahlreiche Kurzgeschichten, hunderte von Gedichten und viele Theaterstücke, mit Vorliebe Tragödien. Mindestens eine davon („Reife Jugend") wurde als Schulvorstellung aufgeführt. Rendl selbst fungierte auch als Regisseur und als Hauptdarsteller. Ungeduldig, sich selbst im Druck zu sehen, gründete er im September 1919 eine eigene Kulturzeitschrift, „Der Foehn" (oder „Der blaue Föhn"), deren Schriftleiter und Hauptverfasser er war. Sie wurde in einer Auflage von zwanzig Exemplaren mühsam per Schreibmaschine vervielfältigt. „Der Foehn" überlebte nur wenige Monate, aber zumindest den Beteiligten wurde er zum unvergesslichen Erlebnis.

In dieser Zeit ergriff Rendl eine unüberwindliche Abneigung gegen den Schulbetrieb, der, wie er meinte, seine dichterische Entwicklung hemmte. Trotz großen Verständnisses seitens der Lehrer, die ihm seine Ausbruchsversuche

Richard Tomaselli, 1930

Heinrich Pflanzl, Anfang zwanziger Jahre 20. Jahrhundert

nachsahen und ihm sogar erlaubten, während des Unterrichts zu schreiben, wenn ihn sein Genius packte, gab er die Realschule 1920 vorzeitig auf. Damit erfuhren seine Lebensumstände eine grundlegende Wende. Sein Vater betraute ihn jetzt mit der Verwaltung der Bienenfarm, die er inzwischen in Bürmoos bei Lamprechtshausen errichtet hatte. Sohn Georg wurde hauptberuflich Imker. In den folgenden Jahren arbeitete er als Angestellter seines Vaters in der Bienenzucht, eine Funktion, die er mit einigen Unterbrechungen bis 1928 innehatte.

„Ich hatte mir das so schön gedacht", schreibt er, „das Leben in und mit der Natur, die Freiheit schreiben zu können". Aber die langen einsamen Aufenthalte in Bürmoos und die Entfremdung von seinen Schulkameraden in der Stadt machten ihm zu schaffen. Zwar kamen Besucher und er fand neue Freunde, auch war er keineswegs dauernd in Bürmoos. Aber er litt darunter, dass seine dichterische Karriere nicht vorwärts kam. Uneingestanden bereute er wohl auch bald den Schulabbruch und oft empfand er die Farm als Gefängnis. Vater Rendl hatte Verständnis für Georgs Fernweh. Er schickte seinen Sohn zur Erweiterung seiner Kenntnisse in der Bienenzucht mehrmals auf längere Reisen. 1921 fuhr Rendl ein paar Mal nach Kärnten, 1922 durfte er eine ausgedehnte Reise zu Imkerkollegen des Vaters in Deutschland unternehmen. Ein unvergessliches Erlebnis blieb ihm der Besuch einer Hallig in der Nähe der Insel Sylt.

In Bürmoos hatte er auch seine große Jugendliebe gefunden, Maria (Maridel) Pfeiffer, die Tochter eines früh verstorbenen Glasbläsers. Über diese Liebe fiel aber bald ein schwerer Schatten, als bei Maridel jene Krankheit festgestellt wurde, an der schon ihr Vater gestorben war: Tuberkulose. Maridels Leiden und früher Tod (1925) bewegten den empfindsamen Rendl viele Jahre lang. Dazu belasteten ihn Schuldgefühle, weil er die Treue, die er ihr oft geschworen hatte, nicht halten konnte. Ihr trauriges Schicksal und sein Versagen hat er in Erzählungen und Gedichten immer wieder zum Thema gemacht (s. S. 195 ff. in diesem Band). In seinem Roman „Der Berufene" hat er ihr ein Denkmal gesetzt.

Ungeachtet seiner „Braut", als die er Maridel stets bezeichnete, fand er aber bald Geschmack am süßen Leben. Um seinen verschiedenen Freundinnen zu imponieren, organisierte er auf der Farm bacchantische Feste. Um die Feste bezahlen zu können, lieh er Geld, das er aber nicht zurückzahlen konnte. Als er in Bürmoos ein Verhältnis mit einer anderweitig gebundenen Dame begann, verursachte er einen Skandal, den auch der Vater nicht mehr übersehen konnte. Zwar übernahm dieser die Bürgschaft für Rendls Schulden, aber es kam zu einer heftigen Auseinandersetzung, an deren Ende Rendl mit dem Elternhaus brach und stolz erklärte, auf sein Erbe zu verzichten und sich fortan als freier Schriftsteller ernähren zu wollen.

Diesem Streit war noch ein anderes Ereignis vorhergegangen, ohne welches Vater Rendl vielleicht trotz allem nicht so hart reagiert hätte. Er hatte nämlich „mit Hilfe einer Baugenossenschaft", wie Georg schreibt, in der Zwischenzeit in Scharfling am Mondsee eine dritte Bienenfarm errichtet. Aber die Genossenschaft machte 1924 Bankrott, und „mein Vater, der mit seinem Vermögen gehaftet hatte, verlor alles. Wir waren arm". Diese Darstellung Rendls ist jedoch nicht zutreffend. Die Dokumente zeigen es anders. 1922 war es Vater Rendl gelungen, eine „Gemeinnützige Bau- und Wohnungsgenossenschaft der Eisenbahner in Innsbruck r.G.m.b.H." dazu zu bringen, ihm in Scharfling eine ansehnliche Sommervilla zu errichten, zu der eine große Bienenzucht gehören sollte. In den folgenden paar Jahren hatte er auch die Farm in Bürmoos erneuert und erweitert. In der Tat ging der Genossenschaft 1924 das Geld aus, sie wechselte mehrfach den Namen und ging schließlich 1929 (nicht 1924) in Liquidation. Der Name Rendl kommt jedoch in den Unterlagen nirgends vor. An keiner Stelle lässt sich nachweisen, dass Vater Rendl sein Vermögen 1924 an die Gläubiger der Gesellschaft verloren hätte. Wohl aber hat er mit eigenen Mitteln die Bienenfarmen vollendet und wohl auch noch Geld in das beinahe fertige Scharflinger Haus gesteckt, das ihm zwar nicht gehörte, das aber noch bis 1931 der Familie Rendl zur Verfügung stand. Vater Rendls Konkurs kam erst im Dezember 1928.

Die Illiquidität der Baugenossenschaft war für Vater Rendl zwar eine herbe Enttäuschung, aber finanziell schwerer traf ihn seine vorzeitige Pensionierung. Angeblich waren gesundheitliche Rücksichten dafür maßgeblich, aber offenbar hatten noch andere Umstände mitgespielt, denn Rendl schreibt in einem Brief von „ungeheuren Gaunereien", deren Opfer der Vater geworden sei. Jedenfalls war Vater Rendl sowohl ökonomisch als auch seelisch angeschlagen, als er seinem Sohn sein leichtsinniges Leben vorhielt und ihn aus der Bürmooser Farm hinauswarf.

Am Ende war Vater Rendl aber noch lange nicht. Er wandte sich mit desto größerer Energie dem Ausbau seiner Imkerei zu, die er jetzt zu seinem Hauptberuf machte. Mit seinem Schwiegersohn, Eduard Waagner von Waagström, der als Ingenieur-Offizier nach dem Krieg arbeitslos geworden war, als Partner, gründete er eine „Anstalt für fortschrittliche Bienenzucht" mit den drei Farmen in Itzling, Bürmoos und Scharfling. Dabei wurde sein Finanzgebaren immer gewagter. Immer öfter mussten alte Verbindlichkeiten mit neuen Schulden beglichen werden. Mehrmals konnte die Zwangsversteigerung nur in letzter Minute abgewendet werden, schließlich war die Katastrophe unvermeidlich.

Nach seinem Auszug aus der Bürmooser Farm im Juni 1924 fand Sohn Georg zunächst bei den Eltern einer Bürmooser Freundin, Mariechen Schmidt, Unterschlupf. Ihr Vater war ein aus Sachsen zugewanderter Glasbläser. Freunde von Rendl in Wien hatten versprochen, ihm bei der Arbeitssuche als Journalist behilflich zu sein. Tatsächlich brachte er ein paar Artikel in Wiener Zeitungen unter, doch dann blieb der Erfolg aus. Schlimmer noch: In einem dieser Artikel hatte er die Hartherzigkeit des Bürmooser Fabriksherrn gegenüber einem krank gewordenen alten Arbeiter angeprangert. Damit war er nun auch in Bürmoos persona non grata geworden. Schweren Herzens suchte er Arbeit bei einem Kraftwerksbau bei Faistenau (vgl. seine Erzählungen „Der Berg", „Jelim rettet" und „Ein kleiner Schritt vor"). Dort machte er sich durch Hochmut und Trotz das Leben selber schwer, warf die Arbeit schließlich nach drei

Wochen wieder hin und kehrte reumütig zu Mariechen Schmidt zurück. Nun rächte sich sein Zeitungsartikel: Die Fabrikleitung verbot Familie Schmidt bei Kündigungsdrohung, diesen Georg Rendl bei sich wohnen zu lassen.

Er fand ein billiges Zimmer, hungerte und schrieb, Mariechen brachte ihm manchmal etwas zu essen (vgl. das Kapitel „Ein Mädchen stiehlt Brot" in „Vor den Fenstern"). Schließlich fand er Arbeit in der Ziegelei in Bürmoos. „Ich nehme Sie nur, damit Sie nicht ganz verkommen", sagte ihm der Verwalter. Wieder hielt er es nicht lange aus. Er war ein Außenseiter, und die Arbeitskameraden ließen es ihn spüren (vgl. seine Erzählungen „Ein Riemen fliegt hoch" und „Die Einheimischen"). Laut eigener Angaben fand er schließlich Anstellung in der Tafelglasfabrik Stiassny in Attnang-Puchheim, wo er, wie er sagt, „schnell lernte, Geselle wurde, und es zum Meister gebracht hätte, wenn die Fabrik nicht hätte schließen müssen und wir alle wieder arbeitslos wurden". Über die Zeit bei Stiassny schweigt sich der sonst so mitteilungsfreudige Georg Rendl jedoch weitgehend aus. Sicher ist, dass er einmal dort war (vgl. seine Erzählungen „Wie ich Glasbläser wurde" und „Wie ich zur Glashütte fuhr"), aber ebenso sicher kann sein Aufenthalt nicht lange gedauert haben und auf keinen Fall bis zur Schließung der Fabrik im Mai 1926. Zu diesem Zeitpunkt saß Rendl schon längst in Scharfling.

Im Herbst 1924 hatte Rendl seinen Trotz überwunden und Vater Rendl seinen Groll: Georg war wieder als Verwalter seines Vaters in Bürmoos. Im Mai 1925 bestand er dann in Salzburg mit Auszeichnung die Prüfung als Bienenzüchter und Wanderlehrer der Bienenzucht. Unmittelbar danach fuhr er für zwei mehrwöchige Aufenthalte nach Slowenien (Osjek / Essek) und arbeitete dort bei Imker-Bekannten seines Vaters. Diese Periode schlug sich in seiner literarischen Produktion nur in einem Fragment nieder. In: „Ein deutsches Lied" oder „Sie sang so schön" beschreibt er, wie er von Osjek aus das Dorf Harkanovci besucht. Ein dort lebender deutscher Lehrer sammelte deutsche und kroatische Volkslieder, die er Rendl überlassen wollte.

Im Herbst 1925 war er zurück und verbrachte nun fast sechs Monate in Scharfling „als Hüter des Hauses" und Pfleger der Bienen seines Vaters. Sein Roman „Darum lob ich den Sommer" spiegelt seinen Aufenthalt dort. Es war dichterisch eine der fruchtbarsten Perioden in seinem Leben. Die Bienen ließen ihm besonders im Winter sehr viel Zeit. Er lebte sparsam und konnte sich ganz seiner Verfasserschaft widmen. In diesen sechs Monaten entstanden ein Roman („Menschen im Fieber", später als „Menschen im Moor" zum ersten Band der Glasbläsertrilogie umgearbeitet), acht Novellen, sieben davon mit Mädchenschicksalen (einige erschienen später als Kurzgeschichten), die „endgültige" Version der „Passion", an der er seit Schultagen gefeilt hatte, sowie zahlreiche Gedichte. Die Gedichte widmete er dem Erzbischof Faulhaber von München, von dessen Persönlichkeit er stark beeindruckt war. Die „Passion" schickte er an den Erzbischof von Salzburg, um dessen Plazet zu erwerben. Wegen der Uraufführung in der Mondseer Stiftskirche verhandelte er mit dem dortigen Pfarrherrn. Freilich sollte es noch neun Jahre dauern und mehrere Umarbeitungen erfordern, bis die „Passion" schließlich 1935 in Wien uraufgeführt werden konnte. Dort, immerhin, wurde sie von keinem Geringeren als Kardinal Innitzer empfohlen.

Zu der Scharflinger Zeit erwachte in ihm auch wieder ein Wunsch, der ihn schon früher bewegt hatte, nämlich Geistlicher zu werden. Es war ein tägliches Ringen zwischen dem „festen Entschluß", Priester zu werden, und der Einsicht, dass ihm dabei seine „Leidenschaft zum Weibe", wie er es nannte, vielleicht doch zu sehr im Wege stünde. Bekanntlich obsiegte das Weltkind in ihm (inzwischen hatte er Maridel Pfeiffers jüngere Schwester Lore zu seiner „Braut" erkoren), aber die seelsorgerische Neigung behielt er sein Leben lang.

Das Jahr 1926 muss jedoch insofern eine Enttäuschung gewesen sein, als es Rendl nicht gelang, irgendeines seiner Werke an den Mann zu bringen. Nicht die „Passion" und nicht die „Menschen im Fieber", die er mit ausdrücklichem Hinweis, er sei ein katholischer Schriftsteller, dem katholischen Herder-Verlag in Freiburg im Breisgau angeboten hatte – vergebens.

Während die Enttäuschung seine Kreativität dämpfte, wandte sich Rendl wieder voll der Imkerei zu. Er wollte nun Lore Pfeiffer heiraten und sich auf der Bürmooser Farm selbstständig machen. Dazwischen spielte er auch mit dem Gedanken, auszuwandern und sich in Brasilien, Australien oder Kanada als Imker niederzulassen. Im Auftrag des Salzburger Bienenzüchtervereins, dessen Obmann Vater Rendl damals war, widmete er sich der Gesundheitskontrolle der Bienen im Lande Salzburg, hielt Vorträge, besuchte Bienenzüchter, nahm Proben von Bienen oder ließ sich solche schicken und untersuchte ein paar tausend Bienenvölker im Hinblick auf Krankheiten und Parasitenbefall. Man kann sagen, dass es Georg Rendls Verdienst war, als erster in Österreich die Gefahr der Tracheen-Milbe richtig erkannt und Gegenmaßnahmen propagiert zu haben. Dennoch zögerte die Redaktion der Imkerzeitschrift „Der Bienenvater", seine Warnung zu publizieren, weil man Exportverluste im Bienen- und Honiggeschäft befürchtete. Georg Rendl brachte deshalb im Eigenverlag eine Broschüre „Milbenseuche" heraus und verschickte sie gegen Nachnahme an die Imker. Nicht jeder Empfänger war davon erbaut und mancher verweigerte die Annahme.

Rendl wohnte immer noch im Vaterhause, aber es zog ihn immer stärker in die Kulturszene Salzburgs. Während sein Vater langsam aber sicher dem finanziellen Ruin entgegentrieb und seinen Sohn immer weniger unterstützen konnte, begann Rendl immer mehr, das Leben eines Bohemiens zu führen. Versuche des Vaters, ihm im Braunkohlebergbau in Riedersbach oder bei der Bahn eine Arbeit zu verschaffen, misslangen. Rendl scheint daran auch nicht sonderlich interessiert gewesen zu sein. Trotzdem nahm er im Sommer 1928 schließlich eine Arbeit als Streckenarbeiter bei der Bahn an (vgl. seine Erzählung „Der Mast"). Freunde bat er, nichts davon zu sagen, denn er wollte den Eindruck aufrecht erhalten, er ernähre sich von seiner Schriftstellerei. Es war aber diese Arbeit, die ihm, als er nach drei Monaten wegen Arbeitsmangel gekündigt wurde, eine kleine Arbeitslosenunterstützung eintrug.

Er schrieb jetzt wieder fleißiger und bemühte sich, Kontakte zu knüpfen, die seiner Karrerre dienlich sein könnten. Einige Zeit war er als „Junker Gotwin von Dietmaring" in Salzburg Mitglied eines Ordens „Die Weißfalken", verließ ihn aber bald wieder, weil man ihn wegen vorlauten Redens den „Rittern" gegenüber mit einer „Degradierung" bestraft hatte.

Es gelang ihm, die Aufmerksamkeit des Salzburger Hotelbesitzers und Kulturmäzens Alois Grasmayr auf sich zu ziehen. Ihn drängte er ziemlich unumwunden um Gewährung eines Stipendiums. Grasmayr weigerte sich zwar beharrlich, Rendls Wunsch nach finanzieller Unterstützung zu erfüllen, öffnete ihm aber den Zugang zur Salzburger Gesellschaft und vermittelte hilfreiche Bekanntschaften. In dieser Zeit freundete sich Rendl u.a. mit dem Dichter Richard Billinger und dem Salzburger Maler Josef Schulz an. Auch Stefan Zweig lernte er damals kennen. Es war vor allem Billinger, der Rendl mit Verlagen bekanntmachte und ihn bei seiner dichterischen Arbeit ermunterte. Billinger vermittelte auch den Kontakt zum Kölner Radiosender, wo Rendl dann im Rahmen einer Sendung „Ungedruckte Dichter" zum ersten Mal weiteren Kreisen bekannt gemacht wurde. Praktische Unterstützung fand er auch bei Stefan Zweigs Gattin, Frau Friderike von Winternitz, die ihre Münchener Verlagsbeziehungen für ihn einsetzte, ihm half, Kurzgeschichten und Gedichte in Münchener Zeitschriften unterzubringen und dem jungen Autodidakten sprachliche Ratschläge gab. Sie veranlasste auch ihren Mann, sich Rendls Arbeiten anzusehen und sich wohlwollend dazu zu äußern.

Nach dem Bankrott von Vater Rendl wurde das Itzlinger Haus versteigert. Rendls Schwester Antonia blieb mit ihren beiden Buben zur Miete weiter dort wohnen. Ihr Mann, Eduard Waagner von Waagström, befand sich zu der Zeit als Verwalter einer Kaffeefarm in Abessinien (Äthiopien). Die Eltern Rendl zogen zunächst für kürzere Zeit nach Scharfling, dann nach Bürmoos, wo es Vater Rendl gelungen war, die Liegenschaft auf seine Tochter zu übertragen. Georg hätte dorthin folgen können, blieb aber lieber in Salzburg. Bei der Schwester in Itzling konnte er übernachten, doch durfte der Vermieter nicht davon wissen. Für Rendl bedeutete das, sich spät abends dort einzuschleichen und das Haus frühmorgens wieder verlassen zu müssen. Mit seinem Kaffeehaus- und Bräustübl-Leben passte das schlecht zusammen. Er suchte sich deshalb ein billiges Zimmer in der Nonntaler Hauptstraße und machte das Café Pitter zu seinem Hauptquartier und zu seiner Postadresse.

Der Anfang des Jahres 1929 mag der Winter des Hungerns und Frierens gewesen sein, von dem Rendl später sprach. Jedoch war das Schlimmste bereits überstanden. Auf der Abschiedsfeier für Richard Billinger, der nach München übersiedelte, im Februar 1929, lernte Rendl Bertha Funke kennen, Tochter des Notars Viktor Funke in Salzburg, die später seine Frau wurde. Nächst Billinger war sie ihm nun die wichtigste Stütze bei seinem Fortkommen. Sie ließ ihn bei sich wohnen, unterstützte ihn finanziell und auch praktisch, indem sie seine Manuskripte mit der Maschine ins Reine übertrug und ihm half, seinen Briefwechsel zu führen. Im Mai 1929 lud sie ihn auf eine große Ferienreise nach Italien und Frankreich ein. Anschließend fand Rendl Unterkommen im Ferienhause der Familie Grasmayr in St. Gilgen, Villa Billiter, wo er eine Art Instruktor für die Grasmayrschen Buben wurde, mit ihnen Ausflüge unternahm, und gegen Entgelt literarische Versuche der Frau Grasmayr mit der Maschine ins Reine schrieb.

Unterdessen versuchte er, für sich und Bertha eine geeignete Bleibe zu finden. Er bemühte sich – erfolglos –, bei der Familie von Frey und bei der Familie Kupelwieser am Mönchsberg ein stilgerechtes Dichterzimmer zu ergattern. Schließlich räumte ihm Grasmayr im September in seiner Villa am Mönchsberg 8 (heute 18) ein Zimmer ein, das er bis Februar 1930 bewohnte, dann aber verlor, weil er sich Grasmayrs Personal gegenüber unvorteilhaft über seinen Gönner ausgelassen hatte. Grasmayrs Zorn scheint Rendl einen nachhaltigen Schrecken eingejagt zu haben, denn von da an sah er sich in Salzburg verfolgt und ausgestoßen und wollte aus der Stadt weg.

Nichtsdestoweniger war das Jahr 1929 wieder ein außerordentlich fruchtbares gewesen, wenn auch der Erfolg zunächst auf sich warten ließ. Seinen Roman „Vor den Fenstern" – eigentlich eine Sammlung von Kurzgeschichten, die er durch eine gemeinsame Hauptperson, Klaus Raab (Klaus wie Nikolaus Ardens, Raab wie Unglücksrabe) zusammenband, lehnte der Staakmann-Verlag ab. Schließlich ebnete ihm Billinger den Weg zum Insel-Verlag, wo die Gattin des Verlegers, Frau Katarina Kippenberg, sich seiner besonders herzlich annahm. Sie erkannte die Begabung des jungen Dichters, der Verlag nahm „Vor den Fenstern" an und bewilligte Rendl zur Überarbeitung seines Manuskripts eine monatliche a conto-Zahlung (175 Mark im Monat, immerhin entsprechend einem deutschen Lehrersalär) und später noch beträchtliche Vorschüsse auf sein Buch.

Georg Rendl, 1931

Die Umarbeitung des Manuskripts zog sich in die Länge. Rendl wurde ungeduldig, er glaubte, vom Insel-Verlag hingehalten zu werden, nahm ungeachtet seines Vertrages Kontakt zu anderen Verlagen auf und entwand sich schließlich seinen Verpflichtungen. Bei der Deutschen Verlagsanstalt (DVA) in Stuttgart, wo man sein Manuskript weniger kritisch beurteilte, kam dieses schnell zum Druck, und die Tantiemen waren höher. Immerhin kam er beim Insel-Verlag noch mit seinem „Bienenroman" zum Zuge, den er ebenfalls aus früheren Einzelerzählungen zu einer Einheit verknüpft hatte. Es war dieser Roman, der seinen Ruhm begründete.

Im Frühjahr 1930 fanden Georg Rendl und Beate Funke eine Wohnung in Salzburg-Leopoldskron, Firmianstraße 13 (Haus Trautheim), und von nun an ging es aufwärts. Schöpfend aus seinen früheren Manuskripten oder unter Zugrundelegung derselben produzierte Rendl in kürzester Zeit neue Werke. Nach dem „Bienenroman" 1931 (Vorläufer u.a. „Der Bienenschwarm", 1929) folgte 1932 „Vor den Fenstern" (DVA 1932, Vorarbeiten u.a. „Lehm" 1925, „Traum am Mittag" 1927, „Brot" 1928) und ebenfalls bei der DVA 1932 „Darum lob ich den Sommer" (Vorläufer „Das Buch meiner Liebe", 1928).

Auch Rendls Erfolge als Rundfunkschriftsteller begannen 1929 mit der Dichterlesung in Köln, die von Billinger vermittelt worden war. 1930 bis 1932 konnte Rendl ausgedehnte Lesereisen im deutschsprachigen Raum unternehmen. Er las aus seinen Werken bei Buchhändlern und Kulturvereinen und vor allem beim Rundfunk (Köln, Stuttgart, Leipzig, Breslau, Berlin, Königsberg).

Auch begann er, seine Stoffe zu Hörspielen zu verarbeiten. Mit Evangelienspielen wandte er sich dabei immer mehr religiösen Themen zu (vgl. „Der Schuldner", „Der Sämann", „Vor der Ernte", „Ein Mensch wird geboren"). Bei seinen Reisen knüpfte er neue Freundschaften und lernte zahlreiche Menschen kennen, die ihm bei seiner weiteren Karriere hilfreich wurden.

Nach der Gleichschaltung der deutschen Rundfunkanstalten durch die nationalsozialistischen Machthaber 1933 wurden seine Möglichkeiten dort geringer. Religöse Themen waren kaum noch gefragt. Über den Presseverlag Gayda in Jena fanden jedoch seine Kurzgeschichten in zahlreichen Zeitungen des deutschsprachigen Raumes guten Absatz. Vielfach handelte es sich dabei um leicht umgearbeitete Kapitel seiner Bücher oder um ein und dieselben Geschichten, die mit verändertem Titel mehrmals wiederkehrten.

Die dreißiger Jahre waren für Rendl im Wesentlichen Jahre des Erfolgs. Zwar musste er um jedes seiner Werke hart ringen, denn die Verlagslektoren fanden an seinen Manuskripten viel zu ändern und zu verbessern. Aber seine Bücher verkauften sich gut. Etliche davon erschienen auch in fremden Sprachen. Seine Kurzgeschichten wurden in Zeitungen und Journalen abgedruckt. Bekannt geworden war er durch seine Romane, aber stets hatte er sich in erster Linie als Dramatiker gesehen. Jetzt richtete sich sein Interesse stärker auf größere Bühnenwerke und er hegte sogar Opernpläne. Große Hoffnungen setzte er auf sein Drama „Elisabeth, Kaiserin von Österreich", das er auf Grundlage der bekannten Biografie von Egon Graf Corti verfasst hatte. Zwar wurde das Drama ein großer Erfolg, aber Rendl hatte nicht viel davon. Denn was seine Rechte betraf, hatte er sich von den Juristen des Zsolnay-Verlags gehörig übertölpeln lassen. Juristisch gesehen war das, was da schließlich aufgeführt wurde, gar nicht mehr sein Werk. Noch jahrelang führte der enttäuschte Rendl einen fruchtlosen Prozess mit dem Verlag.

Als er sich seinerzeit auf nicht sehr feine Art vom Insel-Verlag getrennt hatte, hatte ihn seine Gönnerin, Frau Katarina Kippenberg gewarnt: Das Dümmste, das ein Schriftsteller tun könne, sei, sich für jedes seiner Werke einen anderen Verlag zu suchen. Viel besser sei es, sich in die sichere Obhut eines einzigen Verlages zu begeben, der seinen Schriftsteller vermarktet und in erfahrener Weise dessen Rechte und Interessen wahrnimmt. Rendl hatte sich diesen Rat nicht zu Herzen genommen, sondern stets geglaubt, als sein eigener Manager besser zu fahren. Im Einzelfall mag er Vorteile ausgehandelt haben, aber er hatte einen äußerst aufwändigen Briefwechsel zu führen und verwickelte sich in manchen Rechtsstreit. Insgesamt hat er dabei gewiss mehr verloren als gewonnen.

1930 war Vater Rendl von einem neuen Schicksalsschlag getroffen worden: Die Bürmooser Bienenfarm war im September des Jahres bis auf den Grund niedergebrannt. Genau gesagt war es ja jetzt die Farm von Tochter Antonia, aber in der Praxis bestimmte Vater Rendl in patriarchalischer Art über den Besitz. Mit unermüdlicher Energie betrieb er den Neuaufbau. 1932 war die Farm, wenn auch kleiner als zuvor, wieder in Betrieb. Sie hieß jetzt „Alpenländische Bienenwirtschaft Bürmoos".

Rendls Erfolge verbesserten zunächst auch sein Verhältnis zur Familie und zum Elternhaus. Er unterstützte seinen Bruder Ludwig, der sich als arbeitsloser Doktor der Philosophie lustlos und mit wenig Erfolg in Scharfling der Bienenzucht widmete, und half ihm, journalistisch in Salzburg Fuß zu fassen. Er steckte auch Geld in den Bürmooser Betrieb und half dort in der Imkerei, wenn Not am Mann war und wenn er Zeit dafür fand. Vater Rendl fasste neue Hoffnung, dass Georg doch noch die Farm übernehmen und sein Lebenswerk fortsetzen würde. Auch Georg selbst äußerte Freunden und Verlegern gegenüber immer wieder die Absicht, die Bürmooser Farm zurückkaufen und übernehmen zu wollen. In Briefen an seine Verleger bezeichnet er sie vorauseilend schon des öfteren als seinen Besitz.

An seinem 31. Geburtstag, am 1. Februar 1934, heiratete Rendl in Salzburg seine langjährige Lebensgefährtin und treue Helferin Bertha Funke. Das Paar entschloss sich, von Leopoldskron nach Bürmoos zu übersiedeln, wo man entweder ein eigenes kleines Haus errichten oder im Dachgeschoß des dortigen Wohnhauses sich eine Wohnung ausbauen wollte. Der Ortswechsel geriet zum Desaster. In einem Photoalbum mit Bildern aus diesen Jahren findet man die kommentierenden Worte: „1930–1934, Leopoldskron, schöne Zeit" und „1934–1937, Bürmoos, die Hölle".

Georg Rendl, 1933

Vater Rendl hatte sehr entschiedene Vorstellungen von der Zukunft, aber sie deckten sich nicht mit denen seines Sohnes. Dieser war viel auf Reisen, besuchte seine Verlage und Radiosender, spielte auch mit dem Gedanken, nach Deutschland zu gehen, um sich dort als Verlagslektor oder als Journalist zu betätigen. Vater Rendl stellte sich vor, dass Georg die Farm (und die finanzielle Sicherheit dafür) übernehmen und ihm selber auf Lebenszeit dort Beschäftigung und Wohnung geben sollte. Georg verhielt sich schwankend. Einerseits war sein Wunschtraum schon immer gewesen, Imker und Dichter gleichzeitig zu sein, andererseits fand er es unmöglich, die beiden Berufe in vollem Umfang parallel zu betreiben. Das Dichten war ihm wichtiger, und zum Ärger des Vaters vernachlässigte er die Bienen und steckte Geld, das der Vater lieber in die Imkerei investiert hätte, in den Ausbau der Dachwohnung. In der Frage der Übernahme der Farm agierte er unklar, wollte sich weder dafür noch dagegen entscheiden. Schließlich herrschte wieder ein Dauerstreit zwischen den beiden, der nicht zuletzt Bertha Rendl seelisch schwer belastete. 1937 kam es zum Bruch. Georg und Bertha suchten wieder in Salzburg Wohnung und bekamen, nachdem sie sich bereits für das alte Pförtnerhaus des Klosters Nonnberg entschieden hatten, eher zufällig wieder die billigere Wohnung in Leopoldskron, die sie schon früher gemietet hatten. Wie tief Vater Rendls Enttäuschung war, geht z.B. daraus hervor, dass er seine Schwiegertochter wieder siezte und Briefe an sie mit „Heil Hitler" unterzeichnete.

Inzwischen warf die politische Entwicklung ihre Schatten voraus. Der eher unpolitische Georg Rendl wurde seiner erklärten Katholizität wegen von der politischen Linken misstrauisch beäugt und von den Klerikalen beargwöhnt wegen seiner sozialistischen Sympathien. Schließlich wurde er von den Nationalen als „Kommunist" denunziert und 1937 von der österreichischen Geheimpolizei abgeholt und verhört. Die ihm verhassten Nationalsozialisten wurden immer stärker. Mit dem Salzburger Bürgertum wollte er nichts zu tun haben. Er wollte weg aus Salzburg.

Der Bürmooser Versuch war misslungen. Freunde und Bekannte wunderten sich, dass er wieder in die Stadt zurückkehrte. Aber er gab seine Bemühungen, aufs Land zu ziehen, nicht auf. Die alte Sporermühle bei Wildshut hatte es ihm angetan. Sie entsprach seinem romantischen Geschmack, vorläufig war sie aber nicht frei. Schließlich fand er im ehemaligen Brechelbad des Pfarrhofs von St. Georgen eine geeignete Behausung, die er mit viel Liebe und mit tatkräftiger Hilfe seiner Frau zu einem originellen Heim ausbaute (vgl. „Haus in Gottes Hand"). Aber dies geschah erst 1938.

Anfang 1933 erreichte Rendl ein mit „vertraulich" gekennzeichneter Brief, der ihn gehörig erschreckte. Eine Vereinigung nationalsozialistisch gesonnener österreichischer Schriftsteller teilte darin mit, dass bald große Veränderungen bevorstünden, von denen auch die österreichischen Schriftsteller betroffen sein würden. Wer nämlich nicht dem großdeutschen Schriftstellerverband beiträte, würde in Deutschland künftig nicht mehr gedruckt werden. Unterzeichner war der Schriftsteller Franz Löser. Man kann verstehen, dass es Rendl, der seine Verleger und seine Leser im Wesentlichen in Deutschland hatte, himmelangst um seine Existenz wurde.

Er bewarb sich umgehend um die Mitgliedschaft, und er erinnerte Löser, nachdem nichts geschehen war, 1934 nochmals an seinen Antrag. 1938 bewarb er sich um die Aufnahme in den Schriftstellerverband der Reichsschrifttumkammer. Rückwirkend wurde sie 1940 bewilligt. Um drei Ecken herum war dieser Verband auch der Partei angeschlossen, sodass Rendl, je nach Auslegung dieser Tatsache, zum Parteimitglied erklärt werden konnte. Kurz vor dem Anschluss Österreichs an das Deutsche Reich trat er aber auch, im Oktober 1937, der „Vaterländischen Front" bei, einer Organisation, die ein selbstständiges Österreich verfocht. Freilich war sie durchaus „völkisch" orientiert und keineswegs demokratisch, sondern strikt autoritär nach dem Führerprinzip organisiert. Auch ihr Symbol, das Krückenkreuz, erinnerte an das Hakenkreuz. Mit dem Vollzug des Anschlusses kurz darauf verschwand die Organisation.

Im Gegensatz zu mehreren Mitgliedern seiner und Berthas Familie, war Rendl kein Anhänger der Nationalsozialisten. Aber er passte sich an. Er tat dies manchmal so überzeugend, dass er nach dem Krieg von manchen für einen Nationalsozialisten gehalten wurde. Bereits 1934 begann er seine Briefe an deutsche Verlage mit „Heil Hitler" zu unterzeichnen (wozu er gewiss nicht gezwungen war). Deutschen Geschäftspartnern und österreichischen Nazisympathisanten gegenüber bekannte er sich immer wieder zum Nationalsozialismus und zum „Führer" Adolf Hitler. Bei genauerem Lesen findet man freilich, dass seine Formulierungen selten ganz eindeutig waren. Von seinen gutgläubigen Partnern wurden sie aber so verstanden.

Immerhin vertrauten ihm die Machthaber so weit, dass er die Ehre hatte, zusammen mit anderen Schriftstellern im Herbst 1940 zu einem zweiwöchigen Schulungs- und Informationskurs der Ufa an der deutschen Filmhochburg in Berlin-Babelsberg eingeladen zu werden, die unter der persönlichen Schirmherrschaft des Propaganda- und Kulturministers Dr. Josef Goebbels stand. Rendl versäumte nicht, dort seine eigenen Filmideen zu propagieren. Besonders am Herzen lag ihm sein „Paracelsus", mit dem er große Pläne hatte. Mit dem bekannten Regisseur Heinz Hilpert war er wegen der Regie in Verbindung getreten. Der Burgschauspieler Werner Krauß war für die Hauptrolle vorgesehen. Aus dem Vorhaben wurde nichts, aber als die Bavaria Filmgesellschaft ein paar Jahre später einen Paracelsus-Film herausbrachte, war Rendl sehr erbost, und da er der Meinung war, die Idee sei zuerst die seine gewesen, versuchte er noch nach dem Krieg einen Plagiatsprozess anzustrengen.

Seine Haltung dem braunen Regime gegenüber war schillernd. Einerseits beweisen persönliche Dokumente zur Genüge, dass er es hasste und verachtete. Andererseits musste er damit leben und war beruflich von dessen Institutionen abhängig. So spielte er mit, wo er glaubte, dazu gezwungen zu sein, und leistete Widerstand à la Schwejk: lauthals scheinbare Zustimmung, der dann keinerlei Taten folgten. Etwa antwortete er auf die Einladung von Hugo Paul Uhlenbusch (eines nach Österreich zurückgekehrten ehemaligen „Illegalen"), an einer Anthologie „Die Heimkehr – Dichter der Ostmark singen und sagen vom Reich aller Deutschen" mitzuwirken, „mit einem begeistert zustimmenden Ja und dem Versprechen, einen Beitrag ... zu senden". Aber es fiel ihm nicht ein, einen solchen zu liefern, und er lieferte auch keinen.

Georg Rendl in der Leopldskroner Wohnung, 1937?

Noch 1937 hatte er eine kraftvolle Schrift „Wider den katholischen Antisemitismus" geschrieben, von der allerdings nicht bekannt ist, ob sie irgendwo publiziert worden ist. Aber von Stefan Zweig, der doch sein Förderer gewesen war, hat er sich in privaten Briefen mehrmals und ohne Zwang distanziert. Freilich war seine Antipathie nicht antisemitischer Art (obgleich man ihm in anderem Zusammenhang auch antijüdische Sprüche nachweisen kann), sondern beruhte eher auf Minderwertigkeitskomplexen gegenüber dem erfolgreichen Grandseigneur der Literatur. Seine Abscheu gegenüber dem Nationalsozialismus galt vor allem dessen rüder Gleichmacherei, die einen Individualisten und Außenseiter wie ihn besonders anwidern musste. In Tagebuchnotizen von 1939, die in einem Versteck den Krieg überdauert haben, äußerte er sich mit aller Schärfe gegen das System, dessen verbrecherischen Charakter er klarsichtig erkannte.

Selbstverständlich war in seiner Umgebung bekannt, wo Rendls Sympathien und Antipathien lagen, und in seiner Umgebung, bis in seine Familie hinein, gab es viele gläubige Anhänger des Systems. Darum wundert es nicht, dass ihm 1939 ein unbedachtes Wort am Wirtshaustisch in Wildshut beinahe zum Verhängnis geworden wäre. Ein Nachbar zeigte ihn an. Die Gestapo begann sich für ihn zu interessieren. Eine Hausdurchsuchung brachte nichts Belastendes zutage (Rendl war gewarnt worden und konnte einige inkriminierende Papiere verschwinden lassen), aber er wurde zu einem Verhör nach Salzburg mitgenommen. Zwar ließ man ihn umgehend wieder frei, aber am 17. Dezember 1940 flog ihm eine Anklage des Oberstaatsanwalts beim Sondergericht in Salzburg ins Haus. Sie lautete auf „Heimtückevergehen". Zu seiner persönlichen

Information wünschte der Oberstaatsanwalt einige von Rendls Werken aus den letzten Jahren kennenzulernen. Rendl schickte ihm postwendend diejenigen seiner Schriften, die am ehesten als nazifreundlich verstanden werden konnten (und die ihm nach dem Krieg in diesem Sinne vorgehalten wurden), nämlich „Jetzt ist es anders", „Du mußt reich sein", „Arbeit und Arbeiter" sowie „Erlebnis Reichsautobahn". Die Vorladung war auf den 9. Jänner 1941 angesetzt.

Wohl zu seinem Glück war Rendl inzwischen (am 4. Jänner) zum Militär einberufen worden. Der Prozess wurde eingestellt mit einer Warnung, die sinngemäß etwa lautete: Diesmal haben wir Ihnen nichts nachweisen können, aber tun Sie es ja nicht nochmal! Rendl selbst behauptete später, der Prozess sei nur aufgeschoben worden. Das stimmt nicht, aber natürlich hatte man fortan ein Auge auf ihn und die geringste Unvorsichtigkeit hätte ihn teuer zu stehen kommen können.

Die Einberufung zur 3. Kompanie des Landesschützen Ersatz-Bataillons im Jänner 1941 galt zunächst nur für eine vierwöchige Übung in einem Lager bei Klagenfurt. Für Rendl war es zunächst ein fast unwirkliches Erlebnis. Als alter Wandervogel konnte er der Männergemeinschaft und dem Freiluftleben sogar etwas abgewinnen. Als man ihn, aus gebührlichem Respekt, in die Schreibstube setzen wollte, erklärte er stolz, er wolle keine Vergünstigungen, sondern wolle, wie jeder andere, an Märschen und Feldübungen teilnehmen. Nach dem ersten größeren Marsch war er jedoch dankbar, dass ihm die Schreibstube noch offen stand. Er war auch fest überzeugt, dass sein Aufenthalt im Lager nicht lange dauern würde, schließlich war er ein bekannter Dichter und bereits gesetzten Alters. Leute wie er würden woanders besser gebraucht werden als beim Militär. Auch war er inzwischen in St. Georgen zum Luftschutzbeauftragten geworden und er rechnete damit, dass er zumindest um dieser Aufgabe willen bald wieder freigestellt werden würde.

Es kam aber anders. Als der Ausbildungskurs zu Ende war, wurde seine Einheit nach Lienz verlegt. Wieder durfte er in der Schreibstube arbeiten und hatte relativ viel Zeit, seinen ausgedehnten Briefwechsel mit seinen Verlegern weiter zu führen und seine private Post zu erledigen. Seine eigene Schriftstellerei geriet zwar ins Hintertreffen, aber er wurde Mitarbeiter an einem vom Stab geplanten Erinnerungsbuch zu Ehren des Alpenkorps, „Das grüne Ehrenkränzlein – ein Buch von deutscher Treue und Tapferkeit". Zuvor war es ihm schon gelungen, ein Buch über die „Landesschützen" zu konzipieren und seine Vorgesetzten davon zu überzeugen, ihn zum Redakteur und Mitverfasser zu berufen, weil seine Fähigkeiten im Dienst des Vaterlandes damit besser genutzt würden, als mit der täglichen Routine in der Schreibstube. Zur Arbeit an den beiden Werken erhielt er bedeutende Privilegien. So durfte er außerhalb der Kaserne in einem eigenen Zimmer wohnen und musste nur zu den Dienststunden anwesend sein. Er durfte reisen, um „Helden" des Ersten Weltkriegs zu interviewen. Er durfte andere Dienststellen besuchen, um Werbung zu machen und um Material zu sammeln. Er musste oft nach Salzburg fahren, um beim Stab vorzusprechen, was er natürlich auch zu Besuchen in St. Georgen nutzen konnte.

Gleichzeitig setzte er alle Hebel in Bewegung, um seine völlige Freistellung oder wenigstens einen längeren Arbeitsurlaub zur Fertigstellung seines von der Einberufung unterbrochenen Romanes (es war der Vorläufer von „Ich suche die Freude") zu erreichen. Er brachte Befürwortungen durch seine Verlage bei, er berief sich auf diejenigen seiner Arbeiten, die notfalls als systemfreundlich ausgelegt werden konnten, so die unter dem Titel „Jetzt ist es anders" neu aufgelegten und erweiterten Arbeitergeschichten aus „Arbeiter der Faust". Trotz Fürsprache seiner Vorgesetzten, wohlwollender Stellungnahme des Gaukulturhauptstellenleiters Dr. Karl Windischbauer und sogar freundlicher Worte des Gauleiters Rainer kam es nicht zu einer Freistellung. Aber Rendl wurde zum Stellvertretenden Generalkommando in Salzburg versetzt, wo er bei der Kulturabteilung an „Ehrenkränzl" und „Landesschützen" weiter arbeiten konnte. Dort saß er im selben Korridor, sozusagen Tür an Tür, mit Karl Heinrich Waggerl, der als Leutnant an der Propaganda-Abteilung versuchte, Rendl zu sich an diese Abteilung zu ziehen, eine Versuchung, der sich Rendl jedoch zu entziehen wusste.

Er hatte nun jedenfalls noch größere Freiheiten als zuvor, konnte bei seinem Schwiegervater am Alten Markt nächtigen und hatte große Möglichkeiten, die Wochenenden zuhause zu verbringen. Indessen fand er in Salzburg andere Wege zur Freizeitgestaltung. Er begann eine Affäre mit der Frau eines im Felde stehenden Bekannten. Die Sache blieb Frau Bertha nicht verborgen, umso mehr, als Rendl seine Flamme ungeniert mit nach St. Georgen brachte, nicht um sie seiner Ehefrau vorzustellen, sondern um ihr sein romantisches Heim zu zeigen, dessen Intimität, wie Frau Bertha bitter bemerkte, damit entheiligt wurde. Es war der erste ernsthafte Riss in Rendls Ehe, der auch mit seiner Trennung von der betreffenden Dame nicht mehr reparierbar war.

In Salzburg ereignete sich jedoch noch eine andere Geschichte, die Rendls Situation plötzlich änderte. Am 5. November 1942 wurde er mit kurzer Warnung zunächst nach Saalfelden und ein paar Tage später an die Gebirgssanitätsschule in St. Johann in Tirol versetzt. Dass er, wie er behauptet, sich selber um diese Versetzung bemüht habe, um auf jeden Fall nicht zur kämpfenden Truppe zu müssen, lässt sich nirgends belegen. Im Gegenteil äußert er sich sehr ergrimmt über Waggerl, von dem er glaubte, dass dieser ihm die Versetzung, die Rendl als Strafe empfand, eingebrockt habe. In einem Streit mit Waggerl nach dem Kriege gab dieser zu, dass er die Versetzung veranlasst habe, machte aber geltend, dass er Rendl damit „gerettet" habe, weil dieser von einer völlig widersinnigen Anklage wegen Päderastie bedroht gewesen sei.

Da saß Rendl nun fest. Er avancierte zum Gefreiten, kam wieder in die Schreibstube und wurde mit der Bibliothek betraut. Jetzt entwickelte er die Idee eines Informations- und Erinnerungsbuches über die Gebirgssanität, wozu er Material sammeln und dessen Redaktion er übernehmen könne. Wieder fand er die wohlwollende Zustimmung seiner Vorgesetzten und verschaffte sich damit erneut Privilegien und Sonderfreiheiten. Auch in St. Johann konnte er wenigstens zeitweise außerhalb der Kaserne wohnen. Die Besorgung von Büchern für die Bibliothek erlaubte ihm manche Reise. Auf seine Initiative wurden an der Schule Kulturabende eingeführt. Er hielt Vorträge über Themen wie „Vom Sinn und Wesen der Arbeit", „Von Büchern und vom rechten Lesen", „Der deutsche Soldat und die Frau", er sprach über Hölderlin und Stifter, las auch aus eigenen Werken, und es gelang ihm, sein „Spiel vom Tode" mit Laienspielern in der Sanitätsschule aufzuführen. Ähnliches plante er mit seinem Spiel über Paracelsus. Damals äußerte er auch die Absicht, nach dem Krieg ein eigenes Theater zu gründen.

Rendls Versuche, von St. Johann wegzukommen, fruchteten nicht mehr viel. In dieser Hinsicht resignierte er. Dagegen führte er weiter seine Korrespondenz und schrieb sogar an neuen Werken. Die wenigen Arbeiten, die er publizieren konnte, musste er seinen Vorgesetzten vorlegen. Einer Zensur im strikten Sinne war er aber nicht ausgesetzt. Dass er Schreibe- und Publikationsverbot gehabt hätte, ist eine Mär. Dass er unter dem Druck der Verhältnisse überhaupt schrieb, ist beachtlich. Dass die Publikationsmöglichkeiten immer mehr eingeschränkt wurden, beruhte jedoch in erster Linie auf Papiermangel und auf der Tatsache, dass zahlreiche Verlage aus Kriegsgründen ganz geschlossen wurden. Immerhin wurde noch Anfang 1945 eine Neuauflage des Bienenromans gedruckt.

Die meisten Beiträge Rendls zu den „Landesschützen" sind in seiner Zeit beim Stellvertretenden Generalkommando A.K. I c in Salzburg 1942 geschrieben. Ein paar davon sind in veränderter oder unveränderter Form verschiedentlich in Zeitungen gedruckt worden, z.B. die Geschichte seiner Einberufung, die er unter dem Titel „Frisch auf Kameraden" noch in Lienz verfasst hatte. „Vier zu sechzig" (vier Landesschützen bewachen sechzig Gefangene) ist eine Reportage Rendls von einem Besuch des Gefangenenlagers für Serben in Bürmoos im April 1942. Sie war vorgesehen für den Abschnitt „Dienst im Heimatgebiet" des Landesschützenbuches. Ein ziemlich schnell hingeschriebener Text im Propagandastil der Zeit, „Wir stehen am rechten Platz ...", ist datiert vom Mai 1942. „Die Kameraden von Stube 17", ebenfalls vom Mai 1942, hielt Rendl für so gelungen, dass er die Geschichte zu einem Preisausschreiben des Generalkommandos einreichte. Es handelte sich um eine durchaus liebevoll geschriebene Idealisierung der Stubengemeinschaft, wo Männer verschiedenster Berufe nichts anderes tun als sich gegenseitig zu stützen und zu fördern: Der Schreibgewandte schreibt für die anderen, der Maler malt, die Musiker musizieren und geben Musikunterricht, der Heilkundige hält medizinische Vorträge, andere erzählen aus ihrem Leben zu Nutz und Frommen der Kameraden. Rendl hat sich Mühe gegeben, einen Preis zu gewinnen, ob er gewonnen hat, ist nicht bekannt. Randbemerkung eines Beurteilers: „Sehr nett! Aber etwas sehr ideal gedacht!"

Andere Beiträge waren eher von der einfacheren Art, so „Die ungebratenen Tauben", „Unsere Käuze", oder „Florian Wamlinger, der edle Landesschütze". Der sogenannte Humor darin ist dürftig. Zum „Grünen Ehrenkränzl" der Alpenjäger gehören von Rendl nacherzählte Berichte von „Helden" des Ersten Weltkrieges, wie „Die Tat des Jakob Devich" aus Buchenstein, Unterjäger bei den Kaiserschützen, der 1918 die Goldene Tapferkeitsmedaille erhielt und dessen trockener Bericht von einer Seite von Rendl auf sechs Seiten dramatisiert wurde. Eine ziemliche Hudelei ist „Die Waffentat des Feldwebels Schneider", die von Kampfgeist, Opferbereitschaft und soldatischer Lebenshaltung nur so strotzt.

Stilistisch herausragend ist dagegen „Im Trommelfeuer – Die Waffentat des Alois Trager", eines Bauern aus Huben im Iseltal. Rendl gibt die Geschichte ergreifend und menschlich überzeugend wieder. In der kargen Rede des inzwischen über Sechzigjährigen dominiert nicht das Heldentum, sondern die Realität des Krieges: „Der Feind ... hat große Verluste, wir hören in der Dunkelheit Schreien und Jammern und Stöhnen – ich mag nicht mehr daran denken, wie es damals war – auf einmal arbeitet die feindliche Artillerie wieder. Es hagelt auf uns gleich wie auf die verwundeten Feinde ... (...) ... der Herr Leutnant – der hätte mit seinem schweren Beinschuß nicht mehr zurück kommen können. Ich habe ihn tragen müssen. Er hat immer nach der Mutter geschrien ... und geweint. Und das war gut so, denn wenn er nicht geschrien hätte, nie hätte ich ihn in der Dunkelheit und bei diesem Schneesturm gefunden, mitten unter den Toten und den Verwundeten ...". Dieser Beitrag war sicher nicht im Sinne der Propaganda. Das Projekt „Landesschützenbuch" wurde im Dezember 1942 eingestellt. Auch das Projekt „Sanitätstruppe" wurde schließlich auf ein Sonderheft der Propaganda reduziert, ohne dass Rendl darin zu Wort gekommen wäre.

Rendls Leistung in St. Johann war gleichwohl beachtlich. Er wirkte nicht nur als Kulturferment und geistige Zentralperson, sondern auch als Seelsorger und Tröster verzagter und verzweifelter Kameraden. Er vertrat aufrecht seinen Katholizismus und erwarb damit den Respekt seiner Umgebung und seiner Vorgesetzten. Er besuchte regelmäßig den Gottesdienst und freute sich, wenn er viele Feldgraue dort sitzen sah. Natürlich war seine Einstellung geeignet, Konflikte mit den herrschenden Anschauungen heraufzubeschwören. Rendl schaffte sich Feinde, auch Missgünstige, die ihm seine Privilegien neideten und die versuchten, ihn anzuschwärzen. Aber die höheren Vorgesetzten, die seine Einstellung achteten oder sie insgeheim teilten, hielten eine schützende Hand über ihn.

Man muss Rendls „Nervenkraft", wie er es nennt, bewundern. Denn er war gezwungen, viele Dinge gleichzeitig bzw. parallel zu bewältigen, ohne die Kontrolle darüber und über sich zu verlieren. Da war zunächst seine offizielle Arbeit in der Schreibstube, die Führung von Verzeichnissen, die Vervielfältigung von Karten und von Informationsmaterial für die Truppe usw. und die Pflege und Erweiterung der Bibliothek, die ihm sehr am Herzen lag und wofür er auch seine Verlagsbeziehungen einsetzte. Sodann seine beruflichen Interessen: die Schriftstellerei und die Kontakte mit seinen Verlegern, die er weder aufgeben konnte noch wollte. Weiters seine Bemühungen, im abstumpfenden Kasernenleben höhere Werte aufrecht zu erhalten und zu vermitteln. Weiters der vorsichtige Widerstand gegen das barbarische Regime und schließlich seine nicht ganz einfachen Ehe- und Liebesgeschichten. Sicher half ihm dabei seine robuste Konstitution. Zwar klagte er oft über Kopfweh und erreichte, dass er wegen „Trige-

Georg Rendl als Angehöriger der Deutschen Wehrmacht, 1943

minusneuralgie" (Empfindlichkeit des Gesichtsnervs) vom Tragen des Stahlhelms befreit wurde. Aber er konnte immer gut schlafen, ohne dass die Probleme ihn wachhielten. Und ohne Zweifel gab ihm auch sein Glaube Stabilität.

Am gefährlichsten war natürlich sein Widerstand gegen das Regime. Rendl wurde der Mittelpunkt eines kleinen Kreises verschworener Freunde, alle entschiedene Gegner des Systems, die untereinander, aber auch nach außen hin ihre Meinung recht freisprachig kundtaten. Ihr Widerstand erschöpfte sich freilich vor allem in Schimpfen. Allenfalls konnte man gelegentlich helfen, dass letzte Bauernsöhne freigestellt oder nicht an die Front geschickt wurden. Dabei halfen allerdings auch menschliche Vorgesetzte. Ihre sonstigen Aktionen – z.B. das Abhören von „Feindsendern" oder das später wiederholt als Beweis für den Widerstand angeführte Beispiel der Umdeutung eines Propagandaplakates durch Veränderung eines Wortes – könnten eher als Lausbubenstreiche geten, wenn sie damals nicht lebensgefährlich gewesen wären. Dem Regime geschadet haben sie kaum.

Ohne Zweifel sehr belastend muss Rendls Ehe- und Liebesleben gewesen sein. Er hatte sich wieder eine Freundin angelacht, ein junges Bauernmädchen, das ihm in seiner Frische und Unbefangenheit die unveränderliche, glückliche Heimat zu symbolisieren schien. Frau Berthas Eifersucht war ebenso begründet wie zermürbend. Trotzdem blieb Rendl in seinen Briefen an sie gleichmäßig ruhig und liebevoll. Doch Worte und Taten standen im Widerspruch, und Frau Bertha kannte ihren Georg. Das Mädchen entfloh schließlich dem Konflikt weg aus St. Johann und stürzte sich unmittelbar nach dem Krieg in eine schnelle Ehe. Gleichwohl sollte sie später noch die Mutter von Rendls Sohn werden.

Schließlich wurden die Schwierigkeiten in St. Johann übermächtig. Zwar gewann Rendl mit knapper Not den Kampf gegen seine Neider, aber sein Kommandeur konnte ihn nicht mehr halten. Er bekam die Wahl, seinen Einsatz an der „Heimatfront" zu machen (Rüstungsindustrie oder Gefangenenbewachung), oder an ein Lazarett zu gehen. Er wählte das letztere und kam Ende Februar 1945 nach Kitzbühel, wo er fast unmittelbar mit der Verwaltung eines Reservelazaretts beauftragt wurde, das im Hotel Reiser eingerichtet war.

Hier lernte er zum ersten Mal die Gräuel des Krieges aus der Nähe kennen. Das Lazarett hatte 120 Betten und war mit 200 Verwundeten belegt. Es herrschte Mangel an Lebensmitteln und vor allem an Medikamenten. Die Gedichte, die Rendl in St. Johann und früher geschrieben hatte, handelten alle von der Sehnsucht nach dem zivilen Leben. Jetzt konnte er dem Grauen nicht mehr in die Traumgefilde der Poesie entfliehen, sondern musste auch dichterisch dazu Stellung nehmen. Seine letzten Kriegsgedichte gehören zu seinen stärksten.

Es waren die letzten Kriegsmonate, und das „Dritte Reich" befand sich in Auflösung. Zwar rückte die Befreiung näher, aber es stieg auch die Gefahr, in letzten Kriegshandlungen unterzugehen oder von fanatischen Regimeanhängern in letzter Minute umgebracht zu werden. Rendl hielt Kontakt mit Widerstandsgruppen. Dass er, wie es später heißt, Partisanen mit Waffen versehen hätte, ist eher unwahrscheinlich. Zum einen ist ein Lazarett kein Waffendepot, zum andern hätte es Rendls humaner Grundhaltung widersprochen, überhaupt irgend jemanden mit Waffen zu versehen, damit er Andere töten kann. Es ist möglich, dass er aus den Vorräten des Lazaretts Lebensmittel und Medizin weitergegeben hat, aber beim dortigen Mangel und dem großen Bedarf ist selbst das nicht wahrscheinlich. Unter den Argumenten, die Rendl und seine Kameraden nach dem Krieg als Widerstandshandlungen geltend machten, kommt derartiges nirgends vor, obwohl es doch wesentlich schwerer hätte wiegen müssen, als das Abhören von Feindsendern.

Das Ende war undramatisch. Wieder war es ein verständnisvoller Vorgesetzter, der Rendl einen Wink gab und ihm ermöglichte, sich still und leise aus der deutschen Wehrmacht zu verabschieden. Am 28. April 1945 bekam er den Auftrag, in Lamprechtshausen medizinische Ausrüstung zu besorgen. Der Auftrag lautete auf mehrere Tage. Rendl setzte sich ganz offiziell auf einen Lastwagen, der nach Salzburg fuhr. Von dort schlug er sich nach Lamprechtshausen durch, ließ sich von einem Apotheker in Bürmoos seine Reisegenehmigung verlängern und erwartete dann ruhig den Einmarsch der Amerikaner, der wenige Tage später erfolgte. Am 10. Mai 1945, genau drei Tage nach der deutschen Gesamtkapitulation, trat er der „Antifa", einer österreichischen Widerstandsgruppe, bei. Seine offizielle Entlassung aus der Wehrmacht, eine Formalität, erfolgte im Herbst desselben Jahres.

Rendl war wieder zuhause. Die Zeiten waren schlecht, es gab nichts zu essen, die politische Lage war unklar und die Zukunft ungewiss. Rendls Ehe war zerrüttet. Es dauerte einige Zeit, bis er beruflich wieder Fuß fasste. Es braucht wohl nicht betont zu werden, dass aus den verschiedenen „Erinnerungsbüchern" der Kriegsjahre nichts mehr wurde, und dass Rendl diese Themen nach Kriegsende nicht mehr anrühren wollte. Acht Monate, wie er sagt, blieb er dem Schreibtisch fern, arbeitete in seinem Garten und mit den Bienen, um sich von der Last der vergangenen Jahre freizumachen. Aber die Idee der „Erinnerungsbücher" war ihm geblieben. Jetzt setzte er sich dafür ein, dass die Taten der österreichischen Widerstandsbewegung gesammelt würden und ihm selbst die Aufgabe übertragen wurde, dieses herauszugeben. Allerdings blieb auch dieses Buch in den Anfängen stecken und ist nie erschienen. Der Grund dafür scheint gewesen zu sein, dass verschiedene politische Lager sich nicht darüber einigen konnten, wem der Anspruch, Widerstand geleistet zu haben, in erster Linie zukam. Jedenfalls erhielt Rendl am 8. Juli 1947 eine Ehrenurkunde des „Bundes Demokratischer Freiheitskämpfer" für seine Verdienste um die Freiheit und Unabhängigkeit Österreichs.

In seinem nicht nur wirtschaftlich, sondern auch moralisch ruinierten Land fühlte sich Rendl gefordert, als ein Meister des Wortes am Aufbau mitzuwirken. Insbesondere wollte er helfen, die Menschen moralisch wieder aufzurichten. Er schrieb Aufrufe an die Arbeiter, die Bauern und die Unternehmer, an die Parteien und an die Jugend. Er versuchte, sich mit der jüngsten Vergangenheit in Form von Tragödien auseinanderzusetzen („Albtraumspiel", „Die Söhne", „Kain und Abel"). Er suchte Anschluss an die Caux-Bewegung, die

Georg Rendl in seiner Bibliothek, vor 1950

„Moralische Aufrüstung", deren hoher Anspruch ihn blendete. Aber wie sein Freund Kaut, der ebenfalls zunächst der Faszination dieser Bewegung erlegen war, ihren wahren Charakter jedoch bald erkannte, zog sich auch Rendl enttäuscht wieder davon zurück.

Zurückgreifend auf frühere Manuskripte und wahrscheinlich ergänzt mit Gesprächserfahrungen beim Militär, verfasste er eine „Jungmann-Reihe": stark moralisierende Aufsätze, in denen er sich an die heranwachsende männliche Jugend wandte. 1947 versuchte er, diese Aufsätze beim Silberboot-Verlag unterzubringen. Anscheinend sind sie nicht gedruckt worden, aber wohl zum Teil in sein späteres „Ehebuch" eingeflossen.

Mit seinem literarischen Neuanfang hatte er keinen rechten Erfolg, seine dichterische Kreativität war deutlich erschöpft. Romanentwürfe wie „Der Retter" (ein Loblied auf einfache Menschen, die einen abgeschossenen englischen Flieger retten), „Die Heimkehr des Leutnants Inhart" oder „Der Weg nach vorn" kamen über Fragmente nicht hinaus. Seinem Versuch, eine eigene Kulturzeitschrift, „Die Welt im Heft", herauszubringen, war kein Erfolg beschieden. Nur den Roman „Ich suche die Freude" veröffentlichte er 1948 schließlich unter Verwendung verschiedener früherer Manuskripte in stark veränderter und erweiterter Form. Von zwei geplanten Fortsetzungsbänden erschien nach längeren Mühen noch „Der Ungeliebte" (1952), der dritte Band kam nicht mehr zur Ausführung. Der einzige Wurf, der ihm noch gelang, war „Haus in Gottes Hand" (1951).

Georg Rendls Bibliothek, 1972

Der Schwerpunkt seiner Arbeiten verschob sich fast ganz auf das Theater. Eine Zeit lang war er Präsident der katholischen Laienspielgruppe von Salzburg, entsagte aber dem Auftrag bereits 1947 mit großer Geste, weil seine Ideen nicht von allen geteilt wurden. Im Salzburger Landestheater wurde sein „Paracelsus" 1948 endlich uraufgeführt. Mit ein paar Lustspielversuchen („Fremdenverkehr", „Ledermann") war er weniger erfolgreich. Religiöse Themen gelangen ihm besser. Er bearbeitete Werke anderer Autoren (Calderon: „Die heilige Messe", Graham Greene: „Die Kraft und die Herrlichkeit", Charles Dickens: „Heimchen am Herd") und Biografien hervorragender christlicher Persönlichkeiten (Vinzenz von Paul, Franziskus von Assisi, Vianney, Savonarola, Kolping) für die Bühne oder für den Rundfunk. Mit Mysterienspielen und Laienspielen und in Zusammenarbeit mit österreichischen Rundfunkstationen hatte er schließlich wieder einen angemessenen und befriedigenden Arbeitsweg gefunden. Gerne besuchte er die Aufführung seiner Stücke selbst, nahm mit praktischen Ratschlägen teil an der Regiearbeit und ließ sich feiern.

Georg Rendl, um 1955

In den Nachkriegsjahren verbesserte sich Rendls Verhältnis zu seiner Familie wieder. Nun fand er auch mit seinem Vater wieder zusammen. Georg ermunterte ihn, auch „seinen Bienenroman" zu schreiben, etwa im Sinne von „Lebenserfahrungen eines alten Imkers". Er würde ihm dabei helfen und auch für die Unterbringung des Buches bei einem Verlag sorgen. Tatsächlich arbeitete Vater Rendl um 1948/49 nach Kräften an diesem Buch und brachte ein

Georg Rendl, um 1963

weit fortgeschrittenes Manuskript zustande. Warum es nicht fertiggestellt bzw. gedruckt wurde und wo es schließlich geblieben ist, ist nicht bekannt. Jedenfalls blieb das Verhältnis zwischen Vater und Sohn bis zum Tode des Vaters 1955 liebevoll und ungetrübt.

Insgesamt waren die fünfziger Jahre für Rendl noch einmal eine Blütezeit. Zwar verblasste sein Name im weiteren deutschen Sprachraum, aber in seinem Heimatland erfuhr er endlich die Anerkennung, die er lange entbehrt hatte. 1951 verlieh ihm der Bundespräsident den Professoren-Titel. Er wurde Mitglied des Salzburger Presseclubs und des PEN-Clubs. Die Rundfunksender in Salzburg, Innsbruck und Wien sendeten seine Hörspiele und Sprechstücke. Er selbst konnte regelmäßig Beiträge lesen. So z.B hielt er unter dem Titel „Spruch des Tages" kurze Betrachtungen über seine Lieblingsthemen, oder referierte in einer Serie „Made in Austria" über österreichische oder Österreich eng verbundene Kulturpersönlichkeiten. Diese Serien machten ihn weit bekannt im Land und fanden, wie die zahlreiche Bewundererpost zeigt, großen Anklang in der Öffentlichkeit.

Eine unerwartete Renaissance erlebten in dieser Zeit und bis Anfang der sechziger Jahre seine Kurzgeschichten aus der Vorkriegszeit, die sein Presseverlag Gayda im deutschen Sprachraum vertrieb. Aber: „Warum schreiben Sie nicht einmal etwas Neues?," fragte ihn Gayda, denn Neues war darunter praktisch nicht mehr, und es kam auch nichts mehr. Rendl produzierte noch einige Beiträge zu Heimat-Büchern und dergleichen, aber es waren meist nur Wiederholungen oder Kombinationen früherer Arbeiten.

Ein zumindest finanziell gelungener Wurf war indessen Rendls „Ehebuch", eine Art Ratgeber für katholische junge Ehen. Es erschien beim Festungsverlag in Salzburg. Der Verkauf begann 1957 und verebbte erst in den sechziger Jahren. Mit einer geschickten Marktführung gelang es Rendl, Pfarrämter dazu zu bringen, als eine Art Dauereinrichtung, dieses Ehebuch Brautpaaren als Hochzeitsgeschenk zu überreichen. Mit fleißiger „Kundenbetreuung" in Form von persönlichen Briefen und häufigen Besuchen konnte er von Kärnten bis Liechtenstein ein dichtes Verkaufsnetz aufbauen. Vorarlberg und Tirol wurden fast flächendeckend erfasst.

Dieses Netz kam einem weiteren Verkaufsschlager Rendls zugute, nämlich seinen Bienenprodukten. In St. Georgen hatte er schon immer Bienen gehalten. Jetzt spezialisierte er sich auf die Herstellung von „Ambrosia" (dem Nahrungssaft der Königinnenlarven, dem „Gelee Royale", dem eine besondere Heilkraft zugeschrieben wird) und erfand zusätzlich ein eigenes Produkt, das er „Georgika" taufte. „Georgika" bestand aus einer Mischung aus Honig und Pollen und war billiger, aber fast ebenso wirksam wie „Ambrosia". Das Geschäft lief so gut, dass Rendl ins Auge fasste, in Ellmau in Tirol einen „Ambrosia"-Kurort einzurichten. Seinem Versuch, das erzbischöfliche Ordinariat in Salzburg dazu zu bringen, finanziell in das Unternehmen einzusteigen, scheint indessen kein Erfolg beschieden gewesen zu sein.

Dafür interessierte sich sein Bruder Hans, Besitzer einer Stahlwarenfabrik in Salzburg, für Rendls Beziehungen und bot ihm zwei Prozent der Auftragssum-

Georg Rendl bei einer Ehrung. In der ersten Reihe der Salzburger Landeshauptmann Dr. Hans Lechner und Landesrat Sepp Weißkind, um 1963

men, die Georg ihm vermitteln würde. Wieweit dies erfolgreich war, bleibt dahingestellt. Immerhin werden die Proportionen sichtbar, wenn Rendl 1958 seine Jahreseinkünfte aus dem Stahlbau auf 20.000, aus dem Ehebuch auf 24.000 und aus seinen schriftstellerischen Arbeiten auf 12.000 Schilling veranschlagt.

Die finanziellen Erfolge der fünfziger Jahre erlaubten den Ausbau des Hauses in St. Georgen und den Neubau des Bienenhauses. Aber Überschwemmungen der Salzach 1954 und 1959 richteten auch erhebliche Schäden an und erforderten teuere Reparaturen.

Rendls Privatleben war immer aufwändig gewesen. Er reiste viel und wohnte in Hotels und in Gasthäusern. Viel Geld gab er aus für Bücher. Er sammelte Antiquitäten, er hielt sich Hauspersonal, er kaufte sich ein Auto und leistete sich einen Chauffeur. Nicht wenig Geld verschlangen seine Prozesse, die er meistens verlor. So war er trotz zeitweise ansehnlicher Einkünfte immer wieder mittellos. Als seine Tantiemen spärlicher zu fließen begannen, sein Ehebuch unzeitgemäß wurde und sich seine kühnen Schaffenspläne immer öfter zerschlugen, kam er ernstlich in Schwierigkeiten. Vom Ministerium für Kunst und Unterricht und vom Land Salzburg wurde er schließlich mit einer regelmäßigen Prämie bedacht, die ihn vor der ärgsten Not schützte.

Seine Ehe war nun endgültig zerbrochen, wenn auch die Scheidung, die Frau Bertha mehrmals versucht hatte durchzusetzen, nie zustande kam. 1955 zog sie aus, arbeitete zunächst längere Zeit als Hausdame im Hause Swarowski in Wattens / Tirol, mit dem sie freundschaftlich verbunden war, und zog dann in den Dechanthof in St. Georgen. Dennoch brach der Verkehr zwischen den Eheleuten nie ganz ab.

Zu Rendls sechzigstem Geburtstag wurde eine Auswahl seiner Gedichte herausgegeben, „Das sind die Gedichte". Freund Kaut schrieb dazu im Nach-

Rendl im Garten seines Hauses, 1966

Rendls Atelier und Wohnstube, 1972

wort eine einfühlsame Laudatio. Bei einer Ehrung durch das Land Salzburg um diese Zeit finden wir Frau Bertha lächelnd an Rendls Seite. Noch 1968 schrieb sie für ihn die letzte Variante seines „Franziskus" ins Reine. Sie starb im Dezember 1968.

Es ist nicht bekannt, ob Rendl den Kontakt mit seiner Freundin Kathi aus der St. Johanner Zeit weiter gepflegt oder nach dem endgültigen Ende seiner Ehe neu geknüpft hat. Auf jeden Fall lebte diese Beziehung in den späten fünfziger Jahren wieder auf und resultierte in einem Sohn Hans Georg, der aber offiziell und legal als drittes Kind des Malermeisters Anton Schwaiger in Ellmau in Tirol geboren wurde. Rendl liebte diesen Sohn sehr und verkehrte fleißig im Hause Schwaiger, deren Bewohner er als „seine Familie" bezeichnete. Diesen Sohn hatte Rendl mehrfach in Testamentsentwürfen als Haupterben eingesetzt. Später änderte er das Testament zugunsten der Gemeinde St. Georgen. Die Tantiemen aus seinen Werken verblieben jedoch seinem Sohn Hans Georg und fielen nach dessen frühem Unfalltod (1978) an seine Halbgeschwister.

Ungeachtet seiner eheähnlichen Bindung in Ellmau begann Rendl aber eine weitere Liebesgeschichte mit der Tochter seines Freundes Wilhelm Skarek aus Linz, eine Verbindung, der ebenfalls ein Sohn, Bernhard Georg, entspross. Helmi Skarek weigerte sich standhaft, den Namen des Kindesvaters preiszugeben, jedoch, wie sich später zeigte, nicht etwa aus Angst vor ihren bigotten Eltern, sondern auf Rendls ausdrücklichen Wunsch. Er hat diesen Sohn zwar nicht direkt verleugnet, aber, sehr zur Kränkung Helmis, auch nie so angenommen, wie seinen Sohn in Ellmau. Helmi Skarek heiratete später den Bildhauer Josef Rems, der den Knaben adoptierte und es ihm an väterlicher Liebe nicht fehlen ließ. Der Grund für Rendls Verhalten scheint vor allem in der Furcht begründet gewesen zu sein, „seine Familie" in Ellmau und seinen überaus geliebten dortigen Sohn aufgeben zu müssen, falls Kathi Schwaiger die ganze Wahrheit erführe.

Schon seit Jugendjahren hatte sich Rendl immer wieder als Maler versucht. Auch in St. Johann hatte er viel gemalt. Anfang der sechziger Jahre begann seine Malerei erneut aufzublühen. Eine ziemlich einseitige, närrische

Georg Rendl vor dem Brunnen im Garten seines Hauses, um 1968

Altersliebe zu einem jungen Mädchen, in die er sich aus seinen Verstrickungen zu flüchten versuchte, scheint ihn dabei wesentlich beflügelt zu haben. Er schuf eine große Anzahl von Ölgemälden, hauptsächlich Landschaften, in einem expressionistisch beeinflussten, aber durchaus selbstständigen Stil. Bisher war er mit seiner Kunst nie an die Öffentlichkeit getreten. Im Frühjahr 1966 wurde nun für ihn im Mirabell-Casino eine Ausstellung veranstaltet, die ihm viel Anerkennung einbrachte. Stadt und Land Salzburg, auch Private und Museen kauften von seinen Werken.

Das Jahr 1966 war aber gleichzeitig der Anfang vom Ende. Im Mai traf ihn ein Schlaganfall. Mit starkem Willen, aber nur langsam fand er zurück ins Leben. Er gewann seine geistige Klarheit wieder, aber er behielt Sprechschwierigkeiten und konnte nicht mehr richtig schreiben. Als Dank für seine Genesung errichtete er am Hause eine Kapelle, die er dem Heiligen Franziskus widmete. Auch die letzte Version seines „Franziskus" sollte ein Dank an den Heiligen sein. Er nahm die Arbeit mit dem Pinsel wieder auf. Sein neues Interesse wurde die Hinterglasmalerei. Er sammelte Fotografien von Kirchen aus dem Salzburger Land und Heiligenbilder, die er abzeichnete und in naiver Art auf Glas übertrug. Weit über zweihundert solcher Bilder hat er hinterlassen.

Nach seiner Gesundung ging es noch einmal aufwärts. In den Jahren 1968 bis 1969 verbesserte sich Rendls Wohnsituation. Das Haus wurde an das kommunale Wassernetz angeschlossen, Ölheizung, Gasherd, Kühlschrank und Fernseher wurden installiert. Gute Freunde kümmerten sich um ihn und halfen ihm. Er machte noch einmal große Pläne und konzipierte eine Gesamtausgabe seiner Werke in acht oder zehn Bänden. Ein alter Freund, Ernst Sompek, Verlagsberater und Werbefachmann in München, dem er alle Rechte übertragen hatte, trieb ihn an und half ihm tatkräftig dabei. Sompeks Sondierungen

Rendls Atelier und Wohnstube, 1972

bei Verlagen verhießen allerdings keinen leichten Weg dahin. Außerdem wollte Rendl einen letzten großen Roman über sein Leben schreiben, „Der Bettler". Der Titel spricht aus, wie er sich selbst sah. Die Disposition des Romans zeigt, wie er seine verschiedenen Lebensabschnitte gewichtete:

„I. Kindheit: Die Familie, Bienenzucht, Schule, Schüler.
II. Der Student, WV [= Wandervogel], Fahrten, Protest, Der Föhn, Waggon, Kaut, Schenk, Zak [am Namen ein kleines Hakenkreuz], Nat. Mozarteum, Realschule, Deutsch, Scharfling.
III. Bienenzüchter, Bürmoos, die Freunde, Föhn, Ungarn, Jugoslavien, Essek. Der Transport, die Inflation Zusammenbruch.
IV. Der Arbeiter.
V. Der Dichter: Reisinger, Rigo, Vor den Fenstern, Grasmayr.
VI. Der Schriftsteller: Haringer, Zweig, Elisabeth, Roth.
VII. Die 1000 Jahre: Gestapo.
VIII. Die Befreiung. Die Amerikaner, die Verleger – Maria, Bücher, Savonarola.
IX. Der Reisende, Pfarreien, Bischöfe.
X. Der Maler.
XI. Die Nacht.
XII. Der Aufschwung, diese Zeit, Modern."

Rendls Atelier und Wohnstube, 1972

Diese Disposition stammt von 1969. Man merkt ihr an, dass Rendl noch unter Konzentrationsschwierigkeiten litt, Nachwirkungen seiner Krankheit von 1966, aber man erkennt, wie er sich die Sache gedacht hatte. Einige der Kisten in seinem Archiv in St. Georgen tragen römische Zahlen mit den obigen Kapitelnummern und Bezeichnungen. Rendl hatte damit begonnen, Material für die geplante Arbeit kapitelweise zusammenzuziehen. Leider war der Inhalt der Kisten nicht mehr in der offensichtlich vorgesehenen Ordnung. Zu einigen Stichworten der Disposition hätte man gerne mehr gewusst, aber Dokumente fehlen.

Am 4. November 1969 begann er zu schreiben. Mit kurzen Zeitabständen, anfangs fast täglich, schickte er die „Ernte des Tages" an Frau Griseldis Winter in Salzburg, die ihm seine letzte Vertraute und Muse wurde. Ihr schrieb er: „Ich habe geistige Kasetten, alle sind voll Szenen, Gedanken, Stimmungen, Gespräche, Zustände, Milieus, Begebenheiten, Begegnungen und Erinnerungen und Hoffnungen". ‚Der Bettler' ist kein Testament, keine Beichte, keine Reportage meines Lebens ... dieses Buch (es soll leibig sein, etwa 1000 Seiten im Druck) soll eine Dokumentation meiner Kraft als Dichter, als Poet und Schriftsteller werden". Rendl konnte sein Buch nicht mehr vollenden. Er starb, allein in seinem Hause, am 10. Jänner 1972.

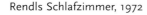

Rendls Schlafzimmer, 1972

Aber zwei Abschiedsgeschenke Rendls an die Nachwelt sind vor seinem Tod noch bis zur Druckreife gediehen: Unter dem Titel „Der Bettler sprach" ein melancholisches Fazit seiner späten Jahre. Und „Die trunkene Reise" (s. S. 211 ff. in diesem Band), ein langes, lebens- und schicksalsbejahendes Lied, mit dem sich der Dichter ein letztes Mal hoch hinaufschwingt zu einem poetischen Erinnerungsflug über sein Leben.

Wolfgang Bauer

# Das literarische Werk von Georg Rendl

**A. Bücher**

1. 1927: Milben-Seuche (Selbstverlag)

2. 1931: Der Bienenroman (Insel Verlag, Leipzig + englische, amerikanische, holländische Ausgabe)
   1944: 2. Ausgabe (Verlag Karl Alber, Freiburg i.Br.)
   1946: 3. Ausgabe (Verlag Das Silberboot, Salzburg)
   1947: 4. Ausgabe (Verlag Das Silberboot, Salzburg)
   1952: 5. Ausgabe (Kremayr & Scheriau, Wien, für Donauland)
   1996: 6. Ausgabe (Otto Müller Verlag, Salzburg)

3. 1932: Vor den Fenstern (Roman, Deutsche Verlagsanstalt, Stuttgart)
   1933: Devant les fenêtres (Editions Montaigne, Paris)
   1933: De lejdensweg van Klaus Raab (Uitgeverij „De Steenuil", Amsterdam)

4. 1932: Darum lob ich den Sommer (Roman, Deutsche Verlagsanstalt, Stuttgart)
   1946: 2. Auflage (Kremayr & Scheriau, Wien)
   1952: 3. Auflage (Kremayr & Scheriau, Wien)

5. 1933?: Das Spiel vom Tode (Erstaufführung, Wien)
   1947: 2. Auflage (Buchner Verlag, München)

6. 1933: Schuldner (Evangelienspiel, Evangelischer Verlag, München + Polnische Ausgabe [Siewca])
   1941: 2. Auflage (Evangelischer Verlag, München)
   1959: 5. Auflage (Kaiser Verlag, München)

7. 1934: Arbeiter der Faust (Erzählungen, Eichblatt Deutsche Heimatbücher)

8. 1934: Der Berufene (Roman, Deutsche Verlagsanstalt, Stuttgart)
   1948: 2. Auflage (Festungsverlag, Salzburg)
   1948: A messzi ut (Budapest)

9. 1934: Satan auf Erden (Roman, Verlag Anton Pustet, Salzburg)
   1935: Saatana maan päälä (finnische Ausgabe, Arvi a. Kavisto osakeyhtio)

10. 1934: Der Sämann (Evangelienspiel, Evangelischer Verlag, München)

11. 1934: Vor der Ernte (Evangelienspiel, geschr. 1933, Kaiser Verlag, München + polnische Ausgabe [Przed Zniwen])

12. 1935: Menschen im Moor (1.Teil der Trilogie „Die Glasbläser von Bürmoos", Verlag Anton Pustet, Salzburg)

13. 1935: Vision vom großen Erbarmen (Erzählungen, Thomann Verlag, Wien, auch Wozniak)

14. 1935: Passion. Spiel vom Leiden und Sterben Jesu Christi (Wien)

15. 1936: Märchenflüge ins Bienenland (Nacherzählung, Kosmos Gesellschaft)

16. 1937: Die Tiere in den sieben Nächten (Tierbuch, Deutsche Verlagsanstalt, Stuttgart)

17. 1937: Die Glasbläser (2. Teil der Trilogie „Die Glasbläser von Bürmoos", Verlag Anton Pustet, Salzburg)

18. 1937: Gespenst aus Stahl (3. Teil der Trilogie „Die Glasbläser von Bürmoos", Verlag Anton Pustet, Salzburg)
    1951: Die Glasbläser von Bürmoos (Trilogie, Kremayr & Scheriau, Wien, für Donauland)
    1995: 3. Auflage (Otto Müller Verlag, Salzburg)

19. 1937: Heimat Salzburg (Wanderbuch, Styria Verlag)
    1942: 2. Auflage (Steirische Verlagsanstalt)

20. 1937: Elisabeth, Kaiserin von Österreich (Schauspiel, geschr. 1935, Volkstheater Wien)
    1950: 2. Auflage (Die Scene)

21. 1937: Dorfsommer (Jugendbuch, geschr. 1936, Dülmen)

22. 1937: St. Wolfgang (kurze Darstellung seines Lebens aus: 14 Nothelfer, Butson & Bercker Kevelaer, Regensburg)

23. 1938: Die Majorin (Spiel für Frauen, München)

24. 1939: Ein fröhlicher Mensch (Roman, Verlag Karl Alber, Freiburg i.Br.)
    1941: 2. Auflage (Verlag Karl Alber, Freiburg i.Br.)
    1949: 3. Auflage (Verlag Karl Alber, Freiburg i.Br.)
    1942: Radostny Clovcek (tschechische Ausgabe, Literarni a umklecky Klub v. Praze)
    1943: Radostny Clovcek (tschechische Ausgabe, Literarni a umklecky Klub v. Praze)
    1944: Radostny Clovcek (tschechische Ausgabe, Literarni a umklecky Klub v. Praze)

25. 1940: Jetzt ist es anders (Geschichten, Eichblatt Verlag, München, 142/43)

26. 1940: Die zwei Kater und andere Tiergeschichten (Leipzig)

27. 1940: Der Eroberer Franz Xaver (Bildnis des Heiligen, Freiburg)
    1956: 2. Auflage

28. 1940: Die Reise zur Mutter (Roman, Österreichische Buch-Gemeinschaft)
    1940: Deutsche Ausgabe (Buchgemeinde Bonn)
    1949: 2. Ausgabe (Buchgemeinde Bonn)

29. 1940: Die neue Heimat (Erzählung, Bochum)

30. 1940: Sebastian an der Straße (Jugendbuch, Verlag Bitter, Recklinghausen)
    1950: 2. Auflage (Paulus Verlag, Recklinghausen)

31. 1946: Christkönigsspiel (Bekenntnisspiel, geschr. 1940, Amandus Verlag, Wien)

32. 1946: Feuer am Himmel (Spiel für Advent und Weihnacht, geschr. 1933, Amandus Edition, Wien)
    1956: 2. Auflage (Buchner Verlag, München)

33. 1947: Ich suche die Freude (Roman, Festungsverlag, Salzburg)
    1948: 2. Auflage (Volks-Buchgemeinde Luzern)

34. 1947: Das Gleichnis vom ungerechten Verwalter (Buchner Verlag, München)

35. 1947: Das kleine Heiligenspiel (Buchner Verlag, München)

36. 1947: Das kleine Passionsspiel (Wien)

37. 1948: Paracelsus (Drama, Landestheater Salzburg)

38. 1948: Der Namenlose (Mysterienspiel, Uraufführung Linz)

39. 1948: Gedichte (Festungsverlag, Salzburg)

40. 1948: Der Namenlose (Mysterienspiel, Linz)

41. 1951: Vinzenz von Paul. Ein festliches Spiel (geschr. 1950, Freiburg i.Br.)

42. 1951: Franz von Assisi (Kopfing)

43. 1951: Haus in Gottes Hand (Roman, Kremayr & Scheriau, Wien)
    1951: 2. Auflage (Kremayr & Scheriau, Wien, für Donauland)

44. 1952: Der Ungeliebte (Roman, Kremayr & Scheriau, Wien)
    1952: 2. Auflage (Kremayr & Scheriau, Wien, für Donauland)

45. 1954: Ein Mädchen (Roman = Judith, Kremayr & Scheriau, Wien)
    1954: 2. Auflage (Kremayr & Scheriau, Wien, für Donauland)

46. 1955: Bleiben Sie bei uns Vianney (Schauspiel, Salzburg)

47. 1955: Der Mitmensch (Drama, geschr. 1949, Buchner Verlag, München)

48. 1955: Ein Spiel vom Leben (Buchner Verlag, München)

49. 1958: Die Frauen am Brunnen (geschr. 1956, Buchner Verlag, München)

50. 1957: Savonarola (Schauspiel, Salzburg)

51. 1957: Ehebuch (verschiedene Bundesländerausgaben, Verlag Anton Pustet, Salzburg?)

52. 1963: Das sind die Gedichte (zum 60. Geburtstag Rendls, Festungsverlag, Salzburg)

**B. Kurzgeschichten, Anthologien, Gedichte, Vorworte, Literaturzeitschriften**

1. 1919: Der Losgelöste
2. 1919: Frau Weber
3. 1919: Die Hedwig
4. 1919: Das schreckliche Schauspiel
5. 1919: Das Hasten nach dem Unbekannten
6. 1920: Schulanekdote
7. 1920: Geschwister (Tragödie im Bauernmilieu)
8. 1920: Grüner Pokal (Tragödie)
9. 1920: Herbstliche Menschen (Tragödie)
10. 1920: Vertrauen auf sich selbst
11. 1920: Die rote Lampe
12. 1920: Der Heimgang
13. 1920: Zur Erntezeit
14. 1920: Direktor Stummhirn (Fragment)
15. 1920: Am Weihnachtsabend
16. o.J.: Vampir (Einakter)
17. o.J.: Gesindel (Groteske, Fragment)
18. o.J.: Der siamesische Mantel (Einakter)
19. o.J.: Die Straße (Einakter)
20. o.J.: Arme Leute (Tragödie)
21. o.J.: Brand (Tragödie, Fragment)
22. o.J.: Hans Höfing (Tragödie, Fragment)
23. o.J.: Komödie
24. o.J.: Die Wende (Einakter, Fragment)
25. o.J.: Galerie (Einakter, Fragment)
26. 1920: Tragödie der Stunden (Enterbte, Das Erwachen, Die Entarteten, bis 30.6.1921)
27. 1920: Passion (Drama, 1920-1935)
28. 1920: Reife Jugend (Tragödie, Schulaufführung Salzburg)
29. 1921: Fieber (Tragödie)
30. 1922: Das Märchen von der großen Liebe
31. 1924: Das Schwein und das Gelächter (Wiener Tagblatt)
32. 1924: „Segen" der Arbeit (Arbeiterzeitung, Wien)
33. 1924: Mara und Mariechen
34. 1925: Baraber
35. 1926: Menschen im Fieber (Vorarbeit zu „Menschen im Moor" = 1. Teil der Trilogie „Die Glasbläser von Bürmoos")
36. 1926: Alma
37. 1926: Elisabeth
38. 1926: Franziska
39. 1926: Johanna
40. 1926: Maria
41. 1926: Martha
42. 1926: Paula
43. 1928: Jahr der Liebe (Vorstudie für „Darum lob ich den Sommer")
44. 1928: Trauer (= Arme Leute, Tragödie)
45. 1928: Das Weib stirbt (Tragödie)
46. 1928: Denkschrift für den "Weißfalken"
47. 1928: Lohnt es sich, für eine deutsche Frau die Lanze zu brechen oder lohnt es sich nicht
48. 1928: Paradies Heimat (Streit im Hof = Liebe, Streit und Glockenläuten, Zeitschr. Verlag Dresden, 3.2.29)
49. 1928: Der Riemen fliegt hoch (= Die Einheimischen)
50. 1929: Der Bienenschwarm (Vorstudie zu „Der Bienenroman")
51. 1929: Liebe Jugend (Jugend 1934)
52. 1929: Der Baum
53. 1929: Mädchen im prächtigen Kleide
54. 1929: Mägde
55. 1929: Eines Triftknechts Weib (die Irre)
56. 1929: Glasscherben klirren

57. 1929: Jelim rettet
58. 1929: Jahrmarkt im Dorf (Arbeiterzeitung, Wien, 18.8.29)
59. 1929: Wirtshaus an der Landstraße (Arbeiterzeitung, Wien, 20.4.30)
60. 1929: Lourdes (Salzburger Wacht, 10.6.29)
61. 1929: Ein junger Arbeiter erzählt
62. 1929: Tote Fabrik
63. 1929: Ein Mädchen stiehlt Brot
64. 1929: Blutige Hände
65. 1929: Ich bin der wandernde Tod
66. 1929: Der Berg (Geröll im Berg, Münchner Illustrierte Presse, 23.3.30)
67. 1929: Monaco
68. 1929: Marseille
69. 1929: Wie ich zur Glashütte fuhr
70. 1929: Wurmstichiges Haus (Münchner Jugend, Lit. Welt Berlin)
71. 1929: Der Mast
72. 1929: Ein Winterstück (Heim, Münchner Jugend)
73. 1929: Schlittenfahrt (Fragment, Münchner Jugend)
74. 1929: Lehm (Münchner Jugend)
75. 1929: Sterbendes Dorf (Die Hexe)
76. 1930: Wolf Sargriem (Vorstudie zu „Satan auf Erden")
77. 1930: Der Brotträger
78. 1930: Die Zigeunerin
79. 1930: Gang nach Emmaus (Der Tag, 1932)
80. 1930: Ein kleiner Ofen
81. 1930: Ein Auto im Dorfe
82. 1930: Der Krämer
83. 1930: Der Häßliche (Der Spiegel, Simplicissimus Juli 1932)
84. 1930: Die Kerze (Der Tag, 20.11.32)
85. 1930: Tiere in der Schule (Spiel, Jugendrotkreuz-Zeitschrift)
86. 1931: Die tolle Küche (Spiel, Jugendrotkreuz-Zeitschrift)
87. 1931: Fernando hat Heimweh
88. 1931: Die lange Hose (Spiel)
89. 1931: Brand am Berg (Hörspiel, Rundfunksender Leipzig, Berlin 1932)
90. 1931: Ein Mensch wird geboren
91. 1932: Emmaus (= Die Himmelfahrt, 1957)
92. 1932: Geschichte meiner Katze
93. 1932: Sterbender Berg
94. 1932: Passion (Hörspiel, gedruckt 1935, Programmdienst Berlin)
95. 1932: Traum am Mittag (Der Tag, 19.1.33)
96. 1932: Der schwere Boden
97. 1933: Das Spiel vom Tode (Erstaufführung Wien, gedruckt 1946, Programmdienst Berlin)
98. 1933: Glasscherben klirren (Hörspiel, Rundf. Ges. Berlin)
99. 1933: Die tiefschwarzen Augen (Arbeiterwille, Graz, 8.1.1933)
100. 1933: Wenn der Winter in die Berge ... (Der Tag, 19.1.1933)
101. 1934: Der Weg durch den Nebel (Die Dame, Heft 26)
102: 1934: Paradies auf Erden
103. 1934: Der Antichrist
104. 1934: Text in Radio Wien (Ravag, Programmzeitschrift, Jg. 11, Heft 1)
105. 1935: Der Gute Gottes (Ein guter Mensch)
106. 1935: Christus und die Bienen
107. 1935: Es muß was geschehen (Lustspiel)
108. 1935/36: Gesänge zu Gott (Salzburger Almanach, Verlag Anton Pustet, Salzburg)
109. 1936: Wie der Winter in die Berge kommt (Österr. Kulturverlag, Wien)
110. 1936: Meine Heimkehr zur Kirche
111. 1936: Mettengang
112. 1936: Wie ich Glasbläser wurde (Frohes Schaffen, Jg. 13, Verlag Jugend und Volk)
113. 1936: Der Maler Josef Dorbowsky (Rochowanski i.W., Die Pause, Jg. 2, Heft 4)
114. 1938: Der tapfere Handel
115. 1938: Erlebnis Reichsautobahn (Deutsche Kraftfahrt, Okt. 1938)
116. 1938: Bergmannsspiel
117. 1939: Flucht im Herbst (= Paracelsus, bereits 1935 angeboten)
118. 1939: Ein stiller Held
119. 1939: Begegnung – Ein Kampf um Gestalt (Lebe mit der Kirche, Februar)
120. 1939: Begegnung Setzt ein Mensch (Lebe mit der Kirche, April)
121. 1940: Unkraut unter dem Weizen (2.6.1940 in: „Der neue Wille", Carolus Verlag)
122. 1940: Kreuz in Flammen (Steirisches Zweipfennig Blatt)
123. 1940: Unkraut unter dem Weizen (2.6.1940 in: „Der neue Wille", Carolus Verlag)
124. 1940: Tiefer Schnee
125. 1940: Der Harfner (Frankfurt)
126. 1941: Frisch auf Kameraden (15.11.1941 über Rendls Einberufung, Wilhelmshavener Rundschau)
127. 1941: Das Opfer (Der Sendbote, April 1941)
128. 1941: Landesschützen
129. 1941: Dank dem Getreuen

130. 1941: Im Trommelfeuer
131. 1941: Der verzauberte Wald (Franziskus von Assisi)
132. 1942: Zwiesprache mit den Tieren (Werner Heinen, Hoch Verlag, Fels Verlag)
133. 1943: Gebirgssanität
134. 1944: Kain und Abel (Drama, Albtraumspiel begonnen 1944 in St. Johann)
135. 1946: Albtraumspiel (beendet 8.1.1946 siehe Nr. 134)
136. 1946: Der Retter
137. 1946: Die Söhne (Tragödie)
138. 1946: Der Tod des Vaters (Anfang von Mädchenlegende, Verlag Das Silberboot, Salzburg)
139. 1946: Der Held
140. 1947: Fremdenverkehr (Lustspiel)
141. 1947: Ledermann (Lustspiel)
142. 1947: Der Weg nach vorn (Fragment = Die Heimkehr des Leutnant Inhart)
143. 1947: Heiligenspiel
144. 1947: Mädchentragödie
145. 1947: Kriminalroman
146. 1947: Das kleine Passionsspiel (Wien)
147. 1948: Jungmann-Reihe
148. 1950: Sebastian der Lehrling
149. 1951: Überall sind gute Menschen
150. 1951: Salzburg Stadt und Land (Vorwort, Gebhard Romanith, Salzburg)
151. 1951: Salzburger Dichter-Almanach (Anthologie)
152. 1951: Der Eroberer (Hörspiel)
153. 1951: Der Kranichschrei
154. 1952: Der Pegasus (Salzburger Dichter-Almanach, Arina Urbjenina hört die Appassionata, Otto Müller Verlag, Salzburg)
155. 1952: Von der Einfachheit (Heft 1, Freude an Büchern)
156. 1952: Gebenedeite Stille (Die schöne Stadt, Hrsg. Eligius Scheibl, Pfad Verlag)
157. 1953: Lob der Bienen (Sprechstück)
158. 1953: Heimchen am Herd (Sprechstück nach Charles Dickens)
159. 1953?: Freude um Weihnacht (Sprechstück)
160. 1953: Tröstliches Gespräch (Sprechstück)
161. 1953: Land um den Haunsberg (Sprechstück)
162. 1953: Made in Austria (Lesungen)
163. 1953: Junge Ehe (Drama, Hörspiel 1954)
164. 1953: Einer dem wir alle ... (Hörspiel)
165. 1953: Geheimnisse der hl. Messe (nach Calderon und R. v. Kralik)
166. 1953: Kraft und die Herrlichkeit (nach Graham Greene)
167. 1953: Jugend Funkmagazin
168. 1957: Dorf im Gebirge
169. 1957: Die Himmelfahrt (= Emmaus 1932)
170. 1962: Tiere der Kindheit
171. 1962: Vorwort (Gedichte von Eleonore Krassinsky, Europäischer Verlag, Wien)
172. 1963: Das Herz zum Pfand (über Kolping)
173. 1965: Die Krähen (Fragment)
174. 1965: Salzburger Advent (Einleitung, Karl Pospesch, Salzburg)
175. 1967: Franziskus
176. 1967: Der alte Markt (aus: Salzburg Stadt und Land, Prestel Verlag, München)
177. 1967: 70: Salzburg – Lob einer schönen Stadt (Eligius Scheibl, Pfad Verlag)
179. 1970: Salzburg – Lob eines schönen Landes (Eligius Scheibl, Pfad Verlag)
180. 1970: Der Bettler
181. 1970: Gebenedeite Stille (in: Dichtung aus Salzburg, Kremayr & Scheriau, Wien)
182. 1972: Die trunkene Reise (in: Dichtung aus Salzburg, Kremayr & Scheriau, Wien)
183. 1973: Zeugnis ablegen für den Reichtum des Lebens (aus: In Salzburg geboren, Salzburger Nachrichten)

**C. Literaturzeitschrift**
1919: Der Foehn / Der blaue Föhn (Eigenverlag)

**D. Tagebücher**
Aus dem Zeitraum 1918–1928 teilweise erhalten.

**E. Gedichte**
Veröffentlicht:
1948: Gedichte
1963: Das sind die Gedichte
Einzelveröffentlichung in verschiedenen Büchern und Zeitungen.
Unveröffentlicht:
Rund 1.200 Gedichte, darunter viele doppelt, mit verschiedenen Titeln, manche ohne Titel, manchmal verschiedene Gedichte mit gleichen Titeln. Nur ein Teil davon ist datiert.

**Anmerkung**

Jugendwerke bis ca. 1921 wurden ausschließlich in Kurrentschrift verfasst und oft unter dem Künstlernamen Nikolaus Ardens. Verwendet wurde alles, was irgendwie brauchbar erschien, vom Briefkuvert über den Bierzettel bis zu alten Formularen und Schreibheften. Von manchen zur Veröffentlichung eingereichten Gedichten sind bis zu zehn Kopien – mit Maschine geschrieben – vorhanden. Später schrieb Rendl seine Manuskripte immer mit der Hand und in lateinischer Schrift.

Titel und erste Zeile, soweit lesbar, wurden von Wolfgang Bauer im Jahr 2000 aufgeschrieben und sind in einer Exeldatei registriert. Die in Kisten (allerdings nicht zeitlich) geordneten Gedichte enthalten auch einen Ausdruck dieses Teiles der Registrierung.

Georg Rendl

## Der junge Arbeiter erzählt

(Unpubliziertes Manuskript von 1929)

Ihr tut gerade so, als hätte ich die Schuld, daß Maridel gestorben ist. Ihr glaubt, ich könne diese Verdächtigungen so ohne mich zu rühren auf mir lasten lassen; wenn ihr euch schon eingemischt habt in eine Sache, die euch gar nichts angeht, so sollt ihr auch die andere Seite der ganzen Geschichte wissen. Immer seht ihr nur, daß Maridel gestorben ist und das weiß ich ja selber, ihr denkt nur daran, sooft ihr mich seht und ich denke immer daran – sooft ich mich sehe. Es nützt ja nichts: Am 18. Dezember vorigen Jahres ist sie gestorben, da kann ich nichts dafür und ich kann auch nichts anderes tun, als ihr zu Allerseelen Blumen auf das schwarze Grab legen.

Früher, da hat sie nur geschlafen und ich konnte an ihrem Bettrande warten, bis sie aufwachte. Da bin ich dagesessen und habe sie angeschaut, habe gewartet, bis sich die Augenlider mit den gebogenen schwarzen Wimpern hoben, habe ihr feines weiches Gesicht, das so leise rötlich wie Samtrosenblätter war, angeschaut. Um den Mund war sie immer ein wenig gelb wie eine Teerose – das war sie auch damals schon, als sie gesund war – fünf Jahre ehe sie starb. Ihre weißen Arme lagen müde auf der rot-weiß gemusterten Decke und wenn ich dasaß oft eine ganze Stunde lang und wenn manchmal der rechte Augenbrauenbogen sich hochhob, als ob er wunderliches Traumgespräch beachtete, und wenn sich manchmal ihre Mundwinkel bewegten, als wollte sie sprechen, da wußte ich, daß ich in ihrem Traum lebendig war.

Mir ist es jetzt ganz gleichgültig, wenn ihr meint, ich bilde mir das nur ein. Die ganze Geschichte muß ich doch mit mir selber abmachen, da hilft mir doch keiner von euch heraus – und mir wäre es selber lieber, wenn ich manchmal glauben dürfte, sie habe mich nicht geliebt, so käme ich doch leichter aus dem Gewirr heraus.

Ich könnte die Geschichte mit Louise rechtfertigen – ich könnte, wenn ich die Maridel nicht so sehr geliebt hätte. Ich weiß nicht wie das mit der Louise war – ich werde irr, wenn ich daran denke.

Die Louise ging an jenem Herbstabend, als ich fünf Minuten vorher die Maridel in den Schlaf geredet habe (das tat ich hundertmale vorher auch schon) im Föhrenwald spazieren, sie hatte einen Ast oder ein Aststück in der Hand und brach davon Stück für Stück herunter, warf die Stückchen auf den Boden. Ich habe sie früher auch getroffen, aber ich glaube nicht, daß ich sie recht angesehen habe. Diesmal aber redete ich sie sogar an. Dann ...

Aber so komme ich nicht weiter, ich komme nicht vom Fleck mit meiner Erzählung, da ich nicht einmal den Anfang damit gemacht habe, denn womit ich begonnen, daß die Maridel starb, das ist ja das Ende – das letzte Ende. Und die Sache mit der Louise war vier Monate vor ihrem Tode, die Geschichte müßte aber fünf Jahre vorher beginnen. Oder bei ihrer Geburt, vielleicht auch beim Tode ihres Vaters, des Jordan Pfeiffer.

Wir jüngeren Glasbläser haben ihn nimmer gekannt, aber die älteren Leute haben noch mit ihm gearbeitet.

Die Maridel ist nach 15 Jahren an der gleichen Krankheit wie der Vater gestorben. Schon deshalb allein bin ich nicht schuld daran, daß sie aus ihrer schönsten Jugend heraus starb und wer das jetzt noch behauptet, der tut es einfach aus Bosheit oder weil er mich zugrunde richten will.

Das müßt Ihr ja einsehen: Im Sommer sind oft ganz reine, helle Tage, aber die Luft ist schon in der Frühe schwül. Oft ists schon schwül bevor die Sonne kommt und wir können es am Glasofen und in der ganzen Hütte fast nimmer aushalten vor Hitze. Der Springer Michl wird dann immer närrisch und haut eine Pfeife nach der anderen in die Schwenkgrube, oder er will sich verbrennen, in die Flammen werfen, so irr und blöd macht ihn die schwüle Luft. Aber den ganzen Tag ist der Himmel klar und erst am Nachmittag bricht das Gewitter los. Das mußte ich sagen, damit ihr es begreift, daß die Schwindsucht schon lange vorher in der Maridel gesteckt ist, schon ehe sie überhaupt ausgebrochen ist.

Und wie die Geschichte mit der Louise war, da hat der Doktor auf ihren Zettel schon elf Kreuzchen gezeichnet und wenn nicht schon ein Jahr vorher sieben Kreuzchen daraufgestanden hätten, wäre Louise gar nicht hereingekommen.

Aber ich bin jetzt wieder bei der Louise und ich wollte, sollte doch endlich mit der Maridel anfangen. Es ist aber wahr – das muß ich noch sagen, ehe ich wirklich anfange: Mich geht es zwar nichts an und ich möchte mich gar nicht dreinmischen, wenn nicht der Wenzel es wär, der mir am meisten vorwirft. Der sollte es doch am ehesten verstehen: der hat eine schöne junge, gesunde Frau und warum hängt der der Franziska, die ihn doch gar nichts angeht, ein Kind an? Warum hat er sich mit ihr eingelassen, da er doch eine regelrechte Frau hat? Gar nichts werfe ich ihm vor – aber er soll mich nur ganz in Ruhe lassen.

Ich kann jetzt nicht ändern, daß die Maridel für immer schlafen gegangen ist, und niemand kann es verlangen, daß ich mich bis zum jüngsten Tag an ihr Grab setze und warte, bis sie aufwacht. Aber ich wette, wenn sie aufwachte, sie würde sich nicht wundern, daß ich dasitze – sie würde mir mühsam ihre Hände geben und sagen, daß sie von mir geträumt habe, so wie sie es immer getan hat, wenn ich am Bettrand gewartet habe.

Wie ich sie kennen gelernt habe, da hat sie ein blaues, ein ganz himmelblaues Leinengewand getragen. Ich habe sie vom Weiten bei der Kapelle neben der Bahnstation gehen gesehen. Da hat sie mir ganz wunderbar gefallen und ich habe mich ins Gras gesetzt und habe geschaut wie sie geht, ich habe ihr nachgeschaut, bis sie in den Wald eingebogen war. Sie ist nicht sehr schnell gegangen und hat mich nicht gesehen. Gleich habe ich mir gedacht: Die ist es, die mußt Du für immer kriegen.

Ich wäre eigentlich nur ausgegangen, um Stieglitze und Meisen zu fangen, denn ich wollte alle meine Käfige besetzen. Was hätte ich denn sonst tun sollen am Feierabend? Aber wie ich die Maridel so dahin gehen sehen habe, warf ich die Leimruten weg, ging rasch heim, öffnete alle Vogelbauer und ließ die Vögel alle frei.

Damals habt ihr alle geglaubt, ich sei närrisch geworden – und ehrlich gesagt – ich selber glaubte es.

Danach habe ich bei jedem Feierabend, ob ich ganz kaputt war oder nicht, auf sie gepaßt. Wo der Blumbach, bei ihrem Haus aus dem Wald in ihre Wiesen rinnt, habe ich auf die Pfeiffer Maridel gewartet, ein wenig im Gebüsch versteckt. Dann ist sie wirklich einmal an mir vorüber und daß ich sie nicht erschrecke, habe ich schon viel früher zu pfeifen begonnen. Und wie sie nimmer weit weg war von mir, bin ich ihr entgegen gegangen, habe sie gegrüßt. Und dann habe ich ihr auch gleich gesagt, daß ich sie riesig gern hätte.

Daß sie mich dann auch so sehr lieben konnte, das muß auch schon lange vorher in ihr gewesen sein.

Wir sind an diesem ersten Abend bis zur Dämmerung spazieren gegangen. Zuerst hat sie mir vielleicht gar nicht geglaubt und ist vielleicht erschrocken über dieses hervorquellende Gestehen, aber als wir dann bis für Morgen abend schieden, durfte ich sie küssen. Vor mir hat noch kein Mann diese Lippen berührt, ich weiß das, ich habe es damals schon gewußt, obwohl wir nie davon sprachen.

Der einzige Mann, der es getan hat, das war ihr Vater, aber der war kein Mann für sie, der war eben nur der Vater.

Ich will ihm nichts vorwerfen – aber er hätte es bestimmt nicht tun sollen; es ist eigentlich dumm, daß ich das sage, denn er hat ja nicht gewußt, daß eine so schwere Krankheit in ihm lag, eine Schwindsucht, die nur vier Wochen vor seinem Sterbetag über seine Lungen zu galoppieren begann.

Das muß ich euch auch sagen: Wenn ihr meint, ich hätte die Maridel an jenem Abend in ein abgelegenes Gebüsch gelockt, um sie dort zu beugen, dann seid ihr gemein. Mir ist dieser Gedanke mit meinen achtzehn Jahren gar nicht aufgedämmert, obwohl auch solche Gewitter lange schon vorher in mir lagen. Aber ihr habt ja die Maridel selbst am besten gekannt und wenn meine Freunde damals anders gedacht hätten, wenn sie nicht vor ihr soviel Respekt gehabt hätten, dann würde sich bestimmt schon einer vor mir getraut haben, sich an sie heranzumachen.

Daß wir uns so schnell verstanden haben und daß unsere Liebe schon am ersten Tage schon so reif und groß war, wie am letzten – der letzte Tag ist wahnsinnig, ich darf nicht daran denken, ich glaube, daß ich jetzt noch die Eisnadeln an meine Brust fliegen spüre und nur in der gewölbten Hand etwas Warmes fühle. Es ist grausam.

Wir waren jeden Tag beisammen, es gelang mir nicht, einmal auszubleiben; auch an Regentagen, wenn es nicht möglich war, durch den Wald zu schlendern, kam ich in das blaue Waldhaus. Ich durfte dort kommen, wenn ich wollte, ihre Mutter, die Witwe nach dem Pfeiffer Jordan, mochte mich gut leiden, der Silei, ihr Bub, und die andere Tochter betrachteten mich so, als ob ich zu ihnen gehörte.

Es war übrigens sehr blöd von euch, daß ihr mir damals immer, wo ich auch ging, „Maridel" nachgeschrien habt, das war eine Kinderei. Damals habe ich auch noch nicht soviel gesoffen wie heute – und das muß ich mir abgewöhnen – das richtet mich noch ganz zugrunde! Nein, es wird nichts besser – ab heute trinke ich überhaupt nichts mehr. Neulich ist die Maridel mitten in der Nacht zu mir gekommen und hat mir gesagt, ich soll nimmer trinken, sie ist noch jetzt immer um mich und kümmert sich. Das ist auch der beste Beweis, daß wir aus ganzem Herzen versöhnt waren und deshalb sage ichs. Gestern ist sie wieder in meinen Traum gekommen und hat mir gesagt, ich solle doch endlich die Louise heiraten – das macht mich noch ganz närrisch.

Ich wollte doch die Maridel heiraten. Im ersten Winter, nach dem ersten Herbst hielt ihre Schwester, die Anna, Hochzeit. Der Schusterbauer-Bub war mit der Ziehharmonika da. Wir haben in der Stube getanzt. Der Sion, der in meinem Alter war, durfte ein Mädel einladen, er ließ sie dann gar nicht einmal mit mir tanzen, so sehr war er eifersüchtig auf sie.

Einige Walzer drehte ich mit der Maridel ab, aber nur einige, ich glaube, daß es nicht fünf waren. Vielleicht habe ich zu schnell gedreht, denn sie sagte mir, daß sie nimmer könne, daß sie „von innen heraus" schwindelig würde, daß sie es gar nimmer erschnaufen könne. Da setzte ich mich neben sie hin und tanzte keinen Schritt mehr, auch mit den andern Mädeln nicht.

Damals sagte ich ihr zum erstenmal, daß ich sie heiraten würde und als sie das so in Ordnung fand, fragte ich ihre Mutter, ob sie denn auch einverstanden wäre.

Das war am 20. November um etwa 10 Uhr nachts. Da um 2 Uhr früh die Arbeit begann, gingen Silei, der damals noch an meinem Ofen arbeitete, und ich bald schlafen. Ich durfte im Bette neben ihm liegen.

Um halb zwei Uhr rief uns der Wecker wach. Wir mußten durch das Zimmer, in dem die Maridel schlief. In der Küche drunten kochte ihre Mutter Kaffee für Silei und für mich.

Während ihr Bruder hinunterging, tappte ich mich an Maridels Liegestatt heran, setzte mich vorsichtig auf den Bettladen und küßte sie wach. Sie schlang ihre Arme um meinen Nacken und ich hätte aufheulen, aufweinen mögen, wenn ich mich nicht geschämt hätte. Ich küßte ihren ganzen Leib, die Brüste und die Füße, ihre Augen, ihre Hände. Da spürte ich zum erstenmale, daß ich tief, tief unglücklich sei, und als ich dann, ohne mehr zu wagen, als sie aus meinem Brennen heraus zu küssen, in Verzweiflung dasaß, streichelte sie meine Haare.

Jetzt verdiene ichs gar nimmer, daß mir ein Mädchen so gut sei, wie die Maridel. Wenn auch die Louise sagt, daß sie mich ganz unbeschreiblich gern hat und wenn sie auch mir zuliebe alles tun könnte, so tut sie es doch nur deshalb, daß ich sie heiraten solle. Es ist ja ganz richtig und ich verstehe es, daß unser Kind einen Vater haben soll. Wer es nicht glaubt, daß ich der Vater bin, der ist schlechter als Galgenholz, ich brauche da gar keine Blutuntersuchung, um zu wissen, daß ich der Vater bin. Da müßte ich eine üble Meinung von der Louise haben. Ich habe ihr das Heiraten nie versprochen und vielleicht heirate ich sie trotzdem – schon deshalb, weil das Kind da ist. Sie solls aber wissen, daß ich sie nicht so lieben kann, wie ich die Maridel liebte.

Aber damals gab es für mich auf der Welt überhaupt nichts, als die Maridel: ich arbeitete nur ihr zuliebe und gewann die Arbeit lieb, weil sie mir und ihr das Brot verschaffen sollte. Die Louise war noch gar nicht im Lande, soviel ich weiß. Ich werde nimmer von ihr reden bis nicht ihre Zeit gekommen ist. Es ist übrigens unglaublich, daß es so kam – ach!

Jetzt kam dann der erste Frühling und ihr Leib war so schön. Sie gehörte ganz mir – so gehörte sie mir, wie es niemand mehr auf der Welt kann. Was jetzt ist, ist alles Dreck – pfui, ich schäme mich – die oder die hat mir gehört und ich habe nicht ein Stückchen von mir weggegeben und sie haben alle geglaubt ich gehöre ihnen. Das war alles gelogen und ich spür es mit jedem Jahr, daß ich immer schmutziger werde. Die einzige Ausnahme war Louise. Ich kenne mich selber nimmer aus, laßt mich nachdenken.

Ja, so ists, so geht die Geschichte weiter: Aber zuvor sage ich, daß ihre Lungenkrankheit schon lange zuvor in ihr gesteckt haben muß, denn sonst wäre sie nicht so plötzlich hervorgebrochen. Das war nämlich in jenem ersten Frühling, ich war seit Mittag bei ihr, ich habe sie über den Blumbach getragen, weil dort, wo wir ihn mitten im Walde überschreiten wollten, keine Brücke war. Es ging eigentlich schon sehr gegen den Sommer zu, denn das Moorwasser des Blumbachs ging sehr seicht, drum weiß ichs, daß es gegen den Sommer zuging.

Und dann weiß ichs auch noch, weil der Boden schon zuverlässig trocken war, sodaß man sich ohne Bedenken darauf lagern konnte. Wir hatten dort, mitten im Dickicht, zu dem wir über den Bach hingelangten einen Baum, eine Tanne mit sehr knorrigen Wurzeln, deren Höhlungen und Wölbungen wir wie eine kleine Stadt herrichteten. Wir suchten im ganzen Stilling, denn so heißt ja der Wald, herum, für unsere Stadt geeignete Dinge zu suchen. Wir lagen aber oft auch stundenlang dort und erzählten uns das, was wir wußten. Ich sagt ihr, daß ich ein ganz blaues Zimmer haben möchte, so blau wie ihr Gewand war. Auch sagte ich ihr, daß ich ein Buch über Afrika habe und einmal zeigte ich ihr sogar das Bild mit dem Kap der guten Hoffnung. Wir schmiedeten daraufhin oft Reisepläne, und wenn wir einmal verheiratet wären, wollten wir unbedingt das Kap der guten Hoffnung wirklich sehen. Auch über die Kinder sprachen wir, über die Kinder, die wir dann einmal bekommen würden. Sie wollte unbedingt, daß der Bube so heiße, wie ich und der zweite Bube sollte Wolfgang heißen. Aber wenn es ein Mädchen würde? Wenn sie kein Mädchen wünschte, wenn sie aus ganzem Herzen nur Buben wünschte, so könne gar kein Mädchen werden.

Wenn sie damals ein Kind bekommen hätte, würde sie sehr stolz gewesen sein und sehr glücklich.

An jenem Tage – es war trotzdem nicht das letztemal, daß ich sie über den Bach trug, geschah etwas Unheimliches. Es war deshalb unheimlich, weil es wirklich wie ein Blitz aus heiterem Himmel war. Am Abend, noch ehe es kühl geworden war, kehrten wir zum Hause zurück, da meine und Sileis Schichte um acht Uhr begann.

Er gesellte sich zu mir und wir gingen den halbstündigen Weg zur Glashütte.

Ihr könntet sagen, Maridel und ich hätten weniger verliebt sein sollen, weniger kindisch, dann wäre das nicht passiert – aber ihre Krankheit steckte doch schon so lange in ihr und es war wirklich nichts anderes, als das Gewitter, das jetzt losbrach. Daß sie damals im Winter beim Hochzeitstanz so rasch müde wurde, das war das Wetterleuchten, nichts anderes, jetzt erst denke ich daran.

Also das war so: Sie ist beim Haus zurückgeblieben und der Silei und ich waren schon am Waldrand die hundertfünfzig Schritte entfernt. Wir hatten es sehr eilig. Bevor wir in den Wald einbogen, rief ich ihr noch etwas zurück, ich mußte schon sehr schreien, daß sie mich verstehen konnte. Darauf schrie sie mir etwas zurück, das ich nicht verstehen konnte.

Ich muß das ganz genau erzählen. Ich schrie zurück: Was sagst Du? Ich sehe, wie sie ihre Hände hohl vor den Mund legt, tief Atem schöpft und höre sie erneut rufen:

„Nach der Arbeit gehst schlafen und dann kommst wieder – wir fahren vielleicht in ..."

Da bricht plötzlich ihre Stimme ab, das Mädel fällt hin. Weil der Silei schon weiter vorne war habe ich ihm noch schnell nachgeschrieen, er soll nur weitergehen, ich käme gleich nach. Renne dann zur Maridel hin. Was ist denn, denk ich mir. Wie ich bei ihr angekommen bin, war sie ganz weiß im Gesicht – so weiß wie sie es im Sarge war. Sie wollte sich gerne aufrichten, aber sie war zu schwach dazu, am ganzen Leib hat sie gezittert wie Espen.

Was ist denn? Was ist da geschehen? Nichts, gar nichts, erschrocken bin ich so. Vor was bist denn erschrocken? Steh doch auf Maridel!

Ich habe ihr aufstehen helfen müssen, alleine hätte sies nicht gekonnt. Und wie sie dagestanden ist hat sie ihre Arme um ihre Brust gepreßt und hat den Rücken gekrümmt.

Zu laut geschrien hab ich, sagt sie, aber ganz ohne Stimme, ganz tot und müde.

Jetzt habe ich gleich gewußt, daß da etwas Ernsteres passiert sei. Komm, Maridel, wir gehen in die Stube. Ich mußte sie tragen. Sie war bestimmt nicht schwerer geworden als am Nachmittage, aber wie ich sie so getragen habe, war mir, als hätte ich gar nicht soviel Kraft, das zu können, so schwer lag sie in meinen Armen.

Das war der Anfang. Die Mutter hat dann in der Oberstube droben die grünen Bettdecken aus der Lade nehmen müssen, um damit die Fenster zu verhängen, weil der Maridel das Licht so sehr weh getan hat. Der Doktor hat auch gesagt, es sei besser. Sie hat dann eine Medizin bekommen, ich habe sie auch gekostet, sie war so fad-süß und ich habe sie ausgespuckt.

Weil es nicht besser wurde mit ihr, begann der Arzt damit, ihr Injektionen zu geben. In der Woche dreimal. Tuberkulin. Sie hatte also Tuberkulose. Damals habe ich noch gar nicht gewußt, was für eine schreckliche Krankheit das ist, aber ich habe sie kennen lernen müssen.

Am Anfang habe ich mir das nie träumen lassen, daß so ein Wesen, wie es dieses Mädchen war, nur noch vier Jahre an ihr letztes Ziel brauche. Ein Menschenhirn kann das nicht verstehen, daß ein nach jungem Wiesenheu riechendes Geschöpf in sich den Tod trägt. Sterben, das müssen wir alle, aber als Sterbende herumgehen, das versteht man nicht, da hört alles auf.

Nach einem Monat hat sie wieder aufstehen können, aber mit dem Herumlaufen war es vorbei. Wir mußten ganz vorsichtig gehen, unsere Wurzel-Stadt zerfiel, weil sie zu weit weg war vom Hause. Ich mußte Maridel oft rasten lassen, Atemholen lassen und dann ging sie wieder langsam weiter, auf meinen Arm gestützt.

Wenn das Wetter im Wechseln war, mußte sie sich hinlegen, war zu schwach zum gehen und spürte Schmerzen hinter den Rippen. Tagtäglich bin ich zu ihr gekommen. Es stand mir nimmer der Mühe wert, mich nach der Arbeit richtig auszurasten, ich wußte, daß meine Maridel auf mich wartete und ich mußte wissen, wie es ihr ging – von Tag zu Tag war es anders. Manchmal glaubte sie, sie sei ganz gesund.

Wenn ich zu ihr ging, zog ich mir in der Küche herunten die Schuhe aus, um sie, wenn sie schliefe, nicht zu wecken. Ganz am Rande der Holzstiege ging ich, damit die Stufen nicht knarren sollten. Dann setzte ich mich auf den Bettladen und wartete. Jetzt blühten auf ihren Wangen dunkelrote Pfingstrosen – nur die Gegend um den Mund war bleich.

Wenn sie aufwachte, schlang sie ihre Arme um meinen Nacken – wir haben uns sehr gern gehabt. Manchmal hatte sie einen Traum, wir beide seien nach dem Kap der guten Hoffnung gefahren, oder sie habe ein Kindchen bekommen, das meinen Namen trug.

Ich sagte ihr dann, daß ja alles so werden würde. Daß wir nicht viel verdienen mit unserer Arbeit, das wissen wir alle – aber damals habe ich das Geld, das ich jetzt vertrinke, zusammengespart für die Einrichtung und für die Reise.

So eine Liebschaft, wie ich sie mit der Maridel gehabt habe, die macht erst aus dem Menschen was. Da weiß man, wozu man auf der Welt ist, jetzt lebe ich ganz für mich allein und das hat keinen Sinn. Ich gehe arbeiten, krieg Geld dafür und das Geld geht wieder weg, wie es gekommen ist. Wenn ich nimmer bin, ists genau so in der Welt. Wenn ich jetzt sterbe geht es keinem Menschen nahe, keiner verliert was. Damals aber habe ich für die Maridel leben dürfen. Wie mir damals die Louise in den Weg gelaufen ist, …

Im Herbst haben sie die Maridel ins Spital gebracht. Ihre Mutter und ich sind mit ihr in die Stadt gefahren. Es war eben schlechter geworden mit ihr.

Alle Samstage habe ich sie aufgesucht. In ihrem Zimmer lagen noch fünf Mädchen, die meisten davon waren blaß, eingefallen, sahen wie Totenschädel aus. Sie hüstelten Tag und Nacht. Eine war dabei, die immer weinte und bat, man solle sie heimbringen, sie möchte daheim sterben.

Die Maridel hat mir auch gesagt, daß ihre Bettnachbarin einen Bräutigam gehabt habe, der sie aber nun im Stiche ließ und sich eine neue Liebschaft angefangen habe. Sie sei immer so traurig und verzweifelt, wenn sie mich kommen sehe. Maridel war sehr stolz auf mich und die Pflegeschwester belobte meine Standhaftigkeit. Was sie damit meine, diese alte Weltabgeschiedene, verstand ich nicht, ich ahnte nur, daß sie mich für besser, edler hielt, als den ungetreuen Liebhaber der Nachbarin Maridels. Obwohl ich damals über das Verhalten des mir Unbekannten entsetzt war und ihn für den schlechtesten, rohesten Menschen auf der Erde hielt, fand ich meine Liebe zu Maridel und das, daß ich sie alle Samstage und Sonntage besuchte, für eine Sache, die aus mir heraus notwendig war und ließ es mir nicht einfallen, sie zu vergleichen.

Wir hatten große Hoffnung auf baldiges Gesundwerden. Die Ärzte, sagte Maridel, gaben sich alle Mühe mit ihr. Im Sommer durfte sie wieder heim, aber im Herbst ist es wieder schlechter geworden und wir konnten wieder nicht heiraten. Abends wurde ihr Gesicht wieder glührot und der Doktor sagte, es sei besser, wenn sie wieder ins Spital ginge, dort würde sie fachmännisch gepflegt.

Sie kam ins gleiche Zimmenr, drei der Mädchen waren inzwischen gestorben, aber dafür waren drei andere da. Nach drei Wochen starb ihre Nachbarin, sie hatte sich wie sonst schlafen gelegt und in der Frühe wachte sie eben nimmer auf. Ganz kalt lag sie im Bette, als sie die Schwester am Morgen wecken wollte. Das war ein schlimmer Tag im Zimmer und da sagte Maridel zum erstenmale, daß es auch mit ihr bald aus sei.

Über ihrem Bett hing eine Tafel und daran ein Zettel, auf diesen Zettel mußte sie täglich dreimal ihre Fiebertemperatur verzeichnen. In der linken Ecke standen drei Kreuzchen. Ich fragte sie, was das bedeute und sie würgte lange daran herum.

„Jetzt geht es schon schnell abwärts mit mir. Jetzt darfst mich nimmer küssen – jetzt stecke ich Dich an. Und Du wirst krank wenn Du mich anrührst."

Das war mir ganz gleich! Wenn es schon so ist, daß sie krank, ernstlich krank ist, dann soll ichs auch werden und ich sagte ihr, daß ich mich garnicht fürchte. Ich wußte aber von diesem Tage an, daß es für sie keine Rettung mehr gebe. Die Mühe der Ärzte war vergeblich. Jetzt lebte ich nurmehr in einer großen Lüge. Ich log sie an, wenn ich ihr sagte, sie komme mir gesunder vor, ich log, wenn ich ihr sagte, daß wir dies und jenes tun würden, wenn sie genesen sei – ihre Mutter log ich an und das Schreckliche dabei war, daß ich zu jeder Minute wußte: Es gibt keine Rettung mehr für Dich. Du bist soviel wie tot.

Der junge Spitals-Arzt ließ mich einmal zu sich rufen, der sagte mir, daß es meine Pflicht sei, auf mich zu achten, daß der Maridel nicht gedient sei, wenn auch ich krank würde.

Sie wurde von Tag zu Tag schlechter, ihre Lungen faulten ab. Und dabei glaubte sie, daß es ihr von Woche zu Woche besser gehe. Oder vielleicht glaubte sie es selber nicht und sagte es nur, um mich zu beruhigen. Sie hüstelte. Und das begann auch ich, aber ich hatte nicht allzugroße Schmerzen dabei.

Im dritten Jahr begannen die Ärzte damit, ihr eine Nadel zwischen die Rippen zu stechen und die Lungen mit Luft aufzufüllen. Das war ein Kunstmittel und ich wußte, daß das nichts nützen würde, weil das arme Kind aus sich selbst heraus nicht mehr die Kraft hatte.

Von nun an lag sie nur ganz matt im Bett. Wenn ich kam, durfte ich mich nimmer ganz nah zu ihr setzen, weil die einsinkenden Matratzen Schmerzen verursachten. Ihr Atem roch schon ganz nach Medizinen und der Heugeruch ihres Leibes war zu Spital-Geruch geworden.

Ich bin zum Doktor gegangen und habe gesagt „Wissen Sie was, Herr Doktor, sterben kann sie daheim auch, da muß sie nicht im Spital bleiben" und der Doktor hat gesagt: „Ja, da haben Sie recht."

Also haben wir sie im Frühling wieder heimgebracht in ihr Haus. Am Weg von der Station nach Hause ist sie schwindelig geworden und ich habe umgeschaut, ob uns jemand sieht. Bei der Kapelle habe ich sie dann gepackt und getragen. Sie ist sehr leicht geworden.

Die Mutter sparte sich alles vom Mund ab und machte beim Wirt, der auch Fleischer war, Schulden, denn die Maridel sollte täglich Rindsuppe haben. Sonne ertrug sie nicht und wenn die Abendnebel übers Moor und über den Wald kamen, mußten wir die Fenster schließen. Sie jammerte nie, klagte nicht und wenn ich ein wenig kleinmütig wurde, tröstete sie mich. Ich konnte nicht immer meiner Verzweiflung widerstehen und da zeigte es sich, daß sie eigentlich stärker war als ich.

Mitten im Sommer hat sie plötzlich Bluthusten gekriegt. Das war an einem Freitag. Um drei Uhr nachmittag war ich zu ihr gekommen. Das Bett war noch ganz rot von Blut und die Maridel war weiß wie Kalk. Jetzt ist es aus. Ich bin dagesessen und habe ihr die Haare gestreichelt immer nur die Haare gestreichelt und kein Wort gesagt. Was sollte ich denn reden? Dem Tod mitten ins Gesicht lügen? Wie ich gegangen bin, da habe ich auch nicht gewagt, sie auf den Mund zu küssen. Ich drückte meine Lippen nur auf ihre Stirne. Sie schlug die Augen nicht auf und winkte nur matt mit der Hand und bewegte die Lippen.

Als ich am Abend das Haus verließ und noch zuvor das leise Weinen ihrer Mutter über mich ergehen lassen mußte, obwohl es ja nichts nützte, war mir ganz sonderbar zumute.

Ich wollte eine Birke, die da am Bach stand ausreißen und einen Markstein schleudern. Ich lebe – ich lebe, ich bin stark, habe Kraft!

Im Wald begegnete ich Louise. Sie hatte einen Ast in der Hand und brach davon kleine Stückchen ab. Ich überlegte gar nicht, ging auf sie zu, grüßte sie, nahm ihre Hand und sagte:

„Du Schöne – Du Kräftige – Du bist das leibhaftige Leben."

Herrgott, ich hab sie nicht auslassen können und dabei habe ich mir gar nichts gedacht. Ich habe sie gepackt, diese Kräftige, habe sie getragen und dann im Dickicht aufs Moos gelegt. Sie durfte nichts reden, sie kam zu keinem Worte, ich küßte sie, streichelte sie und es war alles recht so. Ich sah nur sie.

Das läßt sich nicht erklären, ihr könnt es verstehen oder nicht verstehen, das ist dann euere Sache. Es war so und ich begreife es selber nicht.

Ich habe dann zwei Wochen lang nicht gewagt, Maridel vor die Augen zu kommen. Ich bin aber auch der Louise aus dem Weg gegangen, nirgends habe ich mich ausgekannt, bis ihre Mutter zu mir gekommen ist.

Es dauert ja nimmer lang mit der Maridel, aber die kurze Zeit nur, laß sie nit allein, tu es mir zulieb. Beim Hingehen hab ichs mir überlegt, ob ich ihr alles gestehen solle, aber ich dachte mir, es sei besser für sie, wenn sie nichts erführe.

Sie konnte wieder reden, wenn auch nur schwach, sie gab mir die Hände, zog mich zu sich. Und ich wollte sie wieder küssen. Zuerst überlegte sie – aber dann.

Das sage ich nur deshalb, damit ihr seht, daß sie mir verziehen hat. Ich dachte sie wisse nichts davon. Aber sie wußte schon alles. Irgend jemand – ich weiß auch, daß es der Bäcker Franz, der es auf die Louise scharf hatte, war – hatte uns gesehen und es ihr geklatscht. Sie erzählte mir alles und verlangte nicht, daß ich eingestehe, aber sie sagte dann, als ich kein Wort zu erwidern vermochte:

„Wenn Du mich nur noch ein wenig magst, dann komm doch hie und da, Ich mache Dir keinen Vorwurf –".

Und dann bin ich wieder alle Tage gekommen, bis sie starb.

Ihr habt nicht das Recht, mir die Schuld zu geben. Und wegen der Louise muß ich allein ins Reine kommen – ich werde sie wohl heiraten, vielleicht wird es dann um mich besser.

ENDE

**Anmerkung**

Das Sterben seiner Jugendliebe Maridel Pfeiffer hat Georg Rendl stark bewegt und nachhaltig beeindruckt. Er hat diese Geschichte mehrfach und in verschiedenen Varianten literarisch verarbeitet. Maridel Pfeiffer war geboren am 24. August 1902 (sie war also etwas älter als Rendl) und starb am 25. April 1925. Der erste Versuch einer Aufarbeitung ist die Novelle „Johanna", die Georg Rendl im Herbst 1925 in Scharfling verfasste. Soweit bekannt, wurde sie nicht veröffentlicht. Dies dürfte auch bei der vorliegenden Erzählung, datiert April 1929, der Fall sein. In einer ersten Fassung von zwei Seiten nennt sie Georg Rendl eine „Studie", in einer zweiten, der hier wiedergegeben, macht sie den Eindruck eines für die „Glasbläser" konzipierten Kapitels. Noch etwas verschieden von beiden ist eine begonnene, maschinengeschriebene, leicht veränderte Abschrift der ersten Fassung. Hier wird die Hauptperson zu Elisabeth verfremdet. In gedruckter Form findet sich die Geschichte schließlich in Georg Rendls Roman „Der Berufene" von 1934.

Die verschiedenen Varianten sind in den Hauptzügen gleich und in allerlei Details identisch. Stark voneinander abweichend, wenn man sie als autobiografisch verstehen will, sind dagegen Zeit- und Ortsangaben für die Ereignisse und Altersangaben für die Protagonisten. Auch die Rolle des Helden wird in ziemlich unterschiedlicher Weise geschildert.

Arnold Nauwerck

*Ich lebe das Leben*

Tag, von Nacht bedroht,
Nacht, vom Tag erhellt,
Schmerz, bei Freude Trost,
Freud' vom Schmerz durchwebt.
Lieb' ohne Maß,
nur Liebe das Sein,
Frage und Schrei.
Die Ohren sind taub
und die Augen sind blind
und die Münder sind stumm.
Keine Antwort wird mir.

Ich klage nicht an.
Ich jammere nicht.
Ich sage nur aus:
Es ist so und ist so.
Es ist kalt, es ist warm,
ein Vogel erfriert,
ein Mensch verglüht.
Es sproßt das Korn.
Der Wein schenkt Träume.
Nacht stahl den Tag,
Tag hellt die Nacht.
Tag geht hin,
Nacht löscht aus.

Leben vom Tod umstellt,
Tod vom Leben besiegt,
so wandern wir hin.
Dein Los ist so,
so ist mein Los.
Der eine wird Sumpf,
der andere wird wir.

Nacht webt den Tag
und Tag die Nacht
und webt dich ein
und wirkt dich ein
in Leben und Tod
und in Kommen und Gehn
und in Warten und Flucht.

Du bist groß, du bist klein.
Du bist Tag, du bist Nacht,
Du, ich: Mensch.
Mensch im Tag gestellt und Nacht
in dieses Verwehn.
Ich aber liebe,
ich aber preise und lobe
das Leben,
weil es ist, wie es ist:
Denn ich liebe,
ich liebe den Tag,
ich liebe die Nacht,
ich liebe:
das Leben,
den Traum,
gewebt von Wirklichkeit.

Georg Rendl: Manuskriptseite zu dem unpublizierten Gedicht „Ich lebe das Leben".
Privatbesitz

Georg Rendl

# Gedichte

Wir standen an der grauen Wand,
wir hieben den Lehm mit schweren Hauen,
wir füllten die Wagen bis an den Rand,
und wenn die Sonne im Mittag stand,
da kamen unsere Frauen,
und brachten das Mahl.

Wir sanken ins Gras,
der Schlaf war lind,
barmherzig der Wind,
und keiner wußt mehr von der Mühe was.
Ein jeder war Kind,
und Mütter waren die Frauen.

Sie sprachen uns zu:
Esset und trinkt! Der Tag ist noch lang.
Wir kauten das Brot.
Wir sagten nicht viel.
Wir lauschten dem Wiesengesang.
Wohl tat die Ruh.
Die brennenden Augen fielen uns zu.

Dann werkten wir wieder an der Wand.
Wir schwangen die Hauen.
Groß war die Qual. Steil stand
die Sonne über uns, heiß an der Wand.
Nachts wankten wir heim, und unsere Frauen
baten uns mild und barmherzig zum Mahl.

Aus dem 1948 im Festungsverlag erschienenen Buch „Gedichte".

**Die Mahlzeit**

Nun muß ich mir ein Mahl bereiten
Aus Speck und Erbsen.
Das ist schnell getan.
Die Glocken haben zwölf geläutet.
Um zwei Uhr kommt die Post
mit Mahnung, wieder was zu schreiben,
mit Mahnung, wieder was zu zahlen,
mit einer Ladung
zu einem Freß- und Saufball
Prominenter aus Kultur und Politik.

Ich aber tanze, fresse, saufe nicht
im Angesicht
des Hungers und des Hungertodes
schuldloser Kinder.
Ich danke Gott,
daß ich noch Speck und Erbsen habe,
die ich mir zubereite nun,
und die mich stärken,
um am Nachmittage
zwischen Wachsein
und Erschöpfung,
vor dem früheren oder späteren
Sterben
Noch ungereimte Zeilen,
Gedichte
als mein Testament zu schreiben.

**Nach der Flut**

Ich gehe durch das Haus,
durch alle Räume;
es hallen manche leer
und riechen feucht.
Der Geist des Wassers höhnt.
Tür auf, Tür zu.
Es ist zu still, es ist zu laut.
Die Bilder hängen schief.
Ich richte sie ins Lot.
Doch viele Bilder sind
und Dinge,
die bring' ich nicht ins Lot,
ich weiß: sie müssen bleiben so
bis an mein Ende,
nicht, weil es mir an Mut,
nicht, weil es mir an Kraft
gebricht,
doch habe ich gelernt in Jahren,
mein Herz an Berge nicht zu stoßen,
mein Hirn nicht zu zermartern
am Bau von Burgen aus Krystall
und Häusern aus Gespinst von Spinnen.
Ich gehe durch das Haus,
durch alle leeren Räume.
Ich nehme ihre Leere
und fülle sie ganz aus mit meinem Wort:
Jetzt dien' ich euch,
dann dienet mir.
Nun sind die Bilder,
die vielen Dinge
schön im Lot.

Aus dem Band „Das sind die Gedichte" zu Rendls 60. Geburtstag, 1963.

Georg Rendl

## Die trunkene Reise

Frau Griseldis Winter gewidmet

I

Einmal kam eine Wärme, eine Glut
in den Raum meines Lebens,
denn *sie* trat in meine Räume,
Licht und Wärme und Glut war da.
Sie ging wieder weg in den Nebel
der Welt. Sie ging. Sie ging –
Die Räume wurden nüchtern, kalt, leer.
Die Spinne wob ein Netz vor die Tür,
eine andere Spinne machte mir einen Lampenschirm
vor die Glühbirne.
Die Asseln, die Laufkäfer, Salamander als Gäste.
Ich fröstelte.
Der Ofen sang, winselte wie ein Hund.
Mäuse nagten meine Bücher.
Es ist gut, sagte ich,
es ist gut, sagte ich, ich habe alles verloren:
Die Vergangenheit, die Gegenwart, die Zukunft,
Freunde verloren, Wünsche, Sehnsüchte.
Ich habe viele Lichter angezündet,
daß ich die Wege fände.
Ein Licht war verloschen,
ein Licht ist gestorben,
ein anderes Licht habe ich trotzig ausgeblasen.
Ich fing an zu dämmern.
Ich fing an zu frösteln.
Meine Traurigkeit wärmte mein Leben.
Diese kleine Wärme gab mir ein kleines Leben.
Wehe dem, sagte ich, der keine Liebe erfährt!
Wehe dem, der nicht liebt!
Wehe dem, den keine Sehnsucht wärmt!
In diesem Frösteln,

in diesem Dämmern,
in dieser Kälte,
in diesem Verlassensein, sagte ich zu den Spinnen,
zur Glühbirne,
zu den Asseln, Laufkäfern, Salamandern,
zum winselnden Ofen,
zu den Mäusen,
zu den zernagten Büchern,
sagte ich zu dem verloschenen Licht,
zu der Traurigkeit,
ich sagte:
Ich werde warten. Ich werde warten.


II

Ich habe gewartet.
Vergebens!
Ich reiste.
Ich fuhr nach allen Städten Europas.
Ich fuhr mit der Eisenbahn.
Ich habe gewartet.
*Sie* wird einsteigen in den Zug.
Sie wird den gleichen Zug einnehmen.
Ich werde sie sehen.
Ich habe gewartet.
Jeder Bahnhof, jede Station;
Sie kam nicht.
Vielleicht kommt sie
im anderen Bahnhof,
vielleicht wird sie an der anderen Station kommen –
Tausende Kilometer,
hunderte Bahnhöfe, Stationen.
Die Schienenstöße, die Räder,
der gedämpfte Lärm in Tunnels,
der hallende Lärm über Brücken.
Ich hörte den Gesang des Namens,
die verhallende Melodie des Namens.
Sonaten, Symphonien,
Bruchteile, Bruchtakte, das Andante,
der Lärm, die dumpfen Geräusche des Waggons.
Im Speisewagen: die klirrenden Gläser,
Tassen, Teller, Schalen, Bestecke.
Ich lauschte,
ich suchte das Lied des Namens.

Ich bewahrte die Melodie, die Sonate,
die Symphonie des Namens.
Ich ließ mir Wein bringen.
Herr Ober – noch eine Flasche, noch eine.
Ich dachte: Mir gegenüber weilt *sie*.
Wir spüren die Fingerspitzen.
Ich wölbe meine Hand
über ihre Hand.
Meine Lippen formten den Namen.
Ich sagte:
Das Glas, den Wein, ich gebe ihn dir.
Sie sagte: Ich gebe dir meinen Wein.
Ich sagte:
Ich danke dir für dein feierliches Geschenk,
deine Schönheit, deine Güte, deine Wärme,
deine Glut.
Die eilende Landschaft:
Wälder, Ebenen, Heiden,
Fabriken, Schlote, Siedlungen.
Sieben Pappeln, schlank.
Werkstätten, Einöden, Wärterhäuser,
Haltestellen, Stationen, Bahnhöfe.
Menschen. Menschen, Menschen.
Schluchten, Bäche, Seen, Mühlen, Bäume.
Ein Schloß.
Vielleicht wohnt sie dort?
Soll ich die Reise enden,
soll ich an der nächsten Station
den Zug verlassen?
Zurückfahren mit einem Taxi?
Irrer Gedanke!
Ein Gegenzug.
Möglich, daß sie in diesem Zug fährt.
Vielleicht im Flugzeug,
das über meinem Zug dröhnt?
Der Tennisplatz – vielleicht spielt sie dort?
Diese Reiterin auf dem Schimmel.
Die vorüberfliehende Landschaft, wie ein Kaleidoskop,
wie ein verworrenes Kaleidoskop:
Meine Gedanken, meine Gefühle.
Die Augen, verschwimmende Augen.
Wein und Tränen.
Tränen und Wein.
Das Schlafabteil.
Ein Tag des Wartens.

Soll ich enden?
Soll ich heimkehren
zu den Spinnen,
zum Netz vor der Tür,
zum Netz vor der Glühbirne,
zu dem winselnden Ofen,
zu den Asseln,
zu den Laufkäfern,
zu den Salamandern?
Ich reise weiter,
ich reise zu den Träumen.


### III

Ich nahm ein Schiff,
ein weißes Schiff,
ein Radschiff. Das Rad schlug das Wasser,
Wellen klatschten schäumig zu den Ufern.
Das Gralsschloß am Berg.
Weingärten, Weinhügel,
Auen.
Die Reiher, Enten, Wasservögel.
Die Flüsse, Bäche, die Mündungen.
Die Dörfer. Kapellen, Kirchen,
zweitürmige, schlanke, eintürmige Kirchen.
Ruinen, Schlösser, Klöster,
Städte, Häfen, Silos, moderne Villen,
mittelalterliche Höfe mit eisernen Toren.
Die Landungen.
Aussteigende, Einsteigende.
Gäste, Männer, Frauen, Kinder,
Greise, Mädchen, Bräute.
Halbschöne, Hübsche, Gelbschöne,
Gewöhnliche, Geile, Langweilige,
Verliebte, Sehnsüchtige, Enttäuschte.
Nichts.
Einmal gab es in meinem Lebensraum:
Schönheit, Güte, Wärme, Glut.
Der Rest: Das Weinen.
Es gab einmal Wein und Tränen,
Tränen und Wein.
Der Kapitän fragte:
Sie suchen? Sie warten?
Sie haben etwas verloren?

Ich sagte: Vieles, alles verloren.
Der Kapitän sagte:
Sie auch?
Der Kapitän:
Vielleicht in dieser Stunde,
vielleicht in dieser Nacht,
vielleicht in hundert Jahren –
könnte kommen –
Wir tranken Wein, der Löser,
die Schwinge,
die Flügel der Melancholie,
der Tröster der Wirklichkeiten,
der Ermöglicher des Unwahrscheinlichen,
der goldene Wein.
Die Klarheit des Tages,
die scharfen, begrenzten Formen,
die leuchtenden, zuweilen grellen Farben
des Reisetages,
peinigend das Denken, das Fühlen,
das kristallene Wissen,
dieses Warten, dieses irre Warten –
Ich möchte trunken sein,
ich möchte träumen.
Ich möchte fliehen vor der Flucht,
fliehen, flüchten vor der Wirklichkeit der Reise.
Gib mir Wein, Kapitän!
Und der Kapitän sagte:
Der Abend ist klar.
Die Nacht ist sternleuchtend,
aber in der Mitternacht
schenk ich dir den Nebel,
ich schenke dir die Stille.
Die Maschinen werden ruhig sein,
das Rad wird schweigen.
Das schenk ich dir noch:
Ich werde mitten im Strom
die Anker auslegen – für dich.
Wir tranken Wein,
wir tranken unsere Freundschaft.
Ich träumte, ich wartete,
ich sagte:
Der graue Nebel, die Stille,
das schweigende Rad,
die Anker –
Du –

## IV

Meine Kabine, mein Bett,
ich drehte das Licht ab. Der linde Schlaf,
nur die Wellen des Stromes, silberne Nebel
vor der Luke, manchmal Dunkel.
Wieder die Lider auf, wieder die Augen schwer.
Es kamen auf das Schiff, das weiße Schiff
über die Wellen:
Nymphen, Sirenen, Elfen,
die Uferweiber, die Uferweibchen.
die Ufermädchen,
die Haare Tang, geschmückt mit Algen,
schwarze Brauen, rötliche Wimpern,
die nebelgrauen Augen, honiggelb wie Bernstein,
Die Wangen weiß wie Elfenbein,
die Lippen schmal wie herbstliche
rote Kirschenblätter –
Sie kamen aus den Ufern
auf das weiße Traumschiff.
Der Kapitän nahm eine Nymphe,
er kannte sie, er sagte zu ihr: Undine.
Der Steuermann sagte zu einer Sirene,
er kannte sie, er sagte zu ihr: Lau.
Der Maat sagte zu einem Uferweibchen:
Alge.
Ein Matrose sagte zu einem Ufermädchen:
Rautendelein.
Ein anderer Matrose sprach:
Schrattin.
Eine Elfe gesellte sich zum zweiten Offizier.
Alle Matrosen, alle Maschinisten,
alle Heizer, alle Schiffsjungen, alle:
Umarmungen, Wünsche,
Sehnsüchte, Erfüllungen.
Der Kapitän sagte: C'est la vie!
Der Steuermann sprach:
Liebe Lau, mein Traumnebel! Ich sagte:
Auf Uferweibchen, auf Nymphen,
auf Elfen und Nebelfrauen und Nebelmädchen
habe ich nicht gewartet.
Ich werde warten auf den Traum,
ich warte auf die Wirklichkeit –

## V

Ich fuhr nach Norden.
Und noch ein Schiff,
ein Meerschiff.
Das Haff. Die Nehrung.
Die Föhrenwälder, die Elche.
Wo ist das Meer, wo ist der Himmel,
das blaue Meer: ein Gewölbe,
der blaue Himmel: eine Schale.
Die linde Sonne.
Gäste am Deck. Ein Pastor,
ein Bauer, ein Weltreisender,
ein sterbender, lächelnder Dichter.
Ich fragte den bärtigen Kapitän:
Wie heißt das Schiff?
Er sagte: Das Schiff heißt Einsamkeit.
Es ist gut, sagte ich, die Einsamkeit!
Woher sind Sie, fragte der Bärtige.
Ich wohne, sagte ich, bei Spinnen, bei Laufkäfern, bei Salamandern,
bei Mäusen, bei zernagten Büchern,
bei einem winselnden Ofen.
Das ist gut, sagte der Kapitän,
wir alle leben, leben mit Spinnen,
Glühbirnen, Asseln,
Laufkäfern, Salamandern,
Mäusen und zernagten Büchern
und winselnden Öfen,
aber am Abend, bei der Rückfahrt
werden wir uns zusammengesellen,
diese lächelnden, vernarbten
und blutenden Einsiedler.
Wir werden trinken. Grog,
in meiner Kajüte. –
Wir tranken Grog.
Die einsilbigen Männer.
Der Kapitän braute Grog,
schänkte die Gläser.
Der Abend, die Nacht.
Die Männer sprachen, Worte, Sätze, Reden.
Der Kapitän nannte das Schiff:
Zuflucht.
Der Bauer: Tausend Hektar, drei Mähdrescher.
Der Weltreisende: Eine Weltreise,
später zum Mars.

Die Kanäle waren nur Irrtum.
Der Pastor sagte: Ein brüllender Löwe
ist ein unguter Gast. Meine Gemeinde
ist umzäunt: Meine Predigten.
Ich sagte: Ich muß warten, immer warten.
Der sterbende Dichter lächelte:
Prosit. Ich spüre das Sterben.
Lebt wohl! Träumen Sie gut. Amen.
Der Kapitän: Der Traum ist füllig,
wir wollen trunken bleiben.
Und er fragte noch:
Wo ist das Land?
Der Dichter: Wo werden wir landen?
In welchem Land? Wo?
Der Pastor lallte:
Die Auferstehung, brüllender Löwe,
die Gemeinde, die Predigt,
und gib mir noch Grog, Kapitän!
Er gab, schänkte, er sagte:
Asseln, Laufkäfer, Salamander,
du Trunkener!
Ich sagte:
Asseln werden Schmetterlinge, Admirale sein,
Laufkäfer werden Paradiesvögel sein
mit silbernen Kronen,
Salamander werden Smaragdechsen sein.
Es wird Wärme geben im Haus,
Glanz, Güte, Schönheit, rote Glut.
Sie wird kommen,
ich werde warten.
Geduld, sagte der Pastor.
Weltreise, der Mars ohne Kanäle,
ohne Irrtum.
Tausend Hektar, Mähdrescher.
Die Einsiedler lallten: Prosit.
Und ich sagte:
Ich werde die Salamander streicheln,
sie werden sich verwandeln
zu Smaragdechsen.

## VI

Die Heimkehr, das Haus,
die kahlen, kalten, hallenden Räume,
die Spinnen, die Asseln.
Die Spinnen woben.
Die Laufkäfer waren keine Paradiesvögel,
keine Smaragdechsen.
Die Kälte. Der winselnde Ofen.
Der Ofen und ich sangen
herbe Lieder.
Ich fröstelte. Ich schrie.
Ich habe gewartet, vergebens.
Mitten im Tag kam die Nacht,
die Umnachtung.
Der Tod hat mich berührt.
Die Spinnen fingen an,
meinen Leib mit Netzen zu umweben.
Die Asseln beobachteten mich,
die Laufkäfer waren erschrocken.
Ich schrie durch das Fenster
in die Herbstwelt,
ich schrie in den Nebel,
ich schrie in die milde Pracht
des Herbsttages,
ich schrie lautlos in die verdämmernde Welt.
Meine Worte ertranken
wie Kieselsteine in den Weihern.
Mein fiebernder Mund.
Meine Gedanken, Bilder schwankten
wie Blätter im trüben Strom.
Bahnhöfe. Klirrende Gläser.
Fiebernde Augen, fiebernder Mund.
Sieben Pappeln. Das Schloß.
Hallender Lärm über Brücken.
Die Melodie des Namens: Bruchtakte.
Hineilende Landschaft. Kaleidoskop.
Die Reiterin. Ein Schimmel.
Bilder zerfetzt, ertrunken, vernebelt.
Das Fieber. Der lächelnde Sterbende.
Barmherzige Frauen, unbekannt,
weißgekleidet, wischten meine Stirne,
benetzten meine Lippen.
Tage, Nächte, Nächte, Tage.
Meine Dämmerungen und ich sagten:

Gedanken, Gefühle, Bilder,
geformt mit Worten, Sätze, Gedichte.
Meine Worte sind blutig, violett,
meine Gedichte sind heiser,
meine Kehle ist verrostet,
mein Leben waren meine Gedichte,
meine Gedichte wurden mein Leben.
Einmal kam eine Wärme, Schönheit, Glut
zu mir.
Sie ging.
Ich habe gewartet.
Ich habe geschrieen,
ich schrie lautlos meine Gedichte,
mein Leben zu ihr.
Die Reise: Flucht.
Die Träume, die Wirklichkeit: Zuflucht.
Die Heimkehr, das verödete Haus,
die Räume: nüchtern, kalt, leer.
Das Hindämmern –
Ich flüsterte:
Ich muß warten.
Ich will die Sehnsucht hüten,
meine Traurigkeit muß mein kleines Leben wärmen,
ich sagte:
Sie wird kommen!


So endet die trunkene Reise:

Sie kam, sie kam in das Haus,
sie kam zu mir,
es kam die Schönheit, die Güte, die Wärme, das Leuchten
in den Räumen.
Ihre Fingerspitzen berührten meine Lippen:
Ich konnte sprechen: Worte, Sätze, Gedichte.
Die ersten Worte nach langer Zeit:
Ich danke Dir. Du bist gekommen,
ich werde leben.
Ich wölbe meine Hand über ihre Hand.
Sie sagte: Du sollst Dein Haus neu bauen,
du sollst dein Leben neu bauen,
und ich sagte: Ich werde das Haus tünchen,
bemalen.
Die Räume sollen feierlich sein.
Ich schenke Dir die Feierlichkeit,

ich schenke dir die Räume, die Gedichte, mein Leben,
denn mein Leben sind meine Gedichte.
Wo sind die Spinnen, die Asseln, die Laufkäfer,
die Salamander?
Eine wärmende Hand wölbt über das Haus,
dein Leben, mein Leben.
Und ich sagte: Es ist gut, es ist gut.

Aus: Erich Landgrebe (Hrsg.): Dichtung aus Salzburg. Wien 1972

Georg Rendl

## Erinnerungen an den Dichter Stefan Zweig

(Salzburger Nachrichten, 7. April 1971)

Meine erste Begegnung mit Stefan Zweig war im Sommer 1930. Mein Freund Richard Billinger, der damals erst richtig erfolgreich wurde, sowohl als Lyriker als auch als Dramatiker, war oft im Hause Zweigs eingeladen. Bei einem dieser Treffen erzählte er auch von mir und meinem Erstlingswerk, dem Roman „Vor den Fenstern". Stefan Zweig bat Billinger, ihm das Manuskript zu schicken, er würde es gerne lesen.

Schon nach zwei Tagen bekam ich von Stefan Zweig einen Brief folgenden Inhalts: „Mit großem Interesse habe ich Ihr Werk gelesen; es ist eine Dokumentation dieser Zeit, ein Aufschrei gegen die Ungerechtigkeit, gegen die Unliebe und die Heuchelei. Sie werden es schwer haben. Alle Erstlingswerke sind gefährlich, denn das Publikum ist neugierig, wie es weiter geht. Wie wird Ihr zweites Werk sein? Wird es Ihnen gelingen? Werden Sie den Erfolg ertragen können? Es würde mich freuen, Sie persönlich kennen zu lernen. Kommen Sie am Donnerstag um 1/2 5 Uhr in mein Haus. Herzlich. Ihr Stefan Zweig".

Ich war aufgeregt, voller Spannung. Ein Wunschtraum sollte für mich in Erfüllung gehen. Ich durfte diesen berühmten Schriftsteller kennenlernen, sein Haus betreten. Seine Bücher hatte ich alle gelesen. Besonders die dramatische Dichtung „Jeremias" hatte mich tief beeindruckt.

Die kristallklare Intelligenz seiner Schriften faszinierte mich. Der Tag der Einladung war gekommen. Schon um 2 Uhr begann ich mich anzuziehen. Ich merkte, daß mein dünner Sommeranzug zerschlissen und geflickt war. So nahm ich also die einzige noch tragbare Hose und dazu den schweren Winterrock, obwohl es ein heißer Tag im August war.

Langsam durchquerte ich die Stadt und stieg klopfenden Herzens den Kapuzinerberg hinauf. Vor einer Kreuzwegstation blieb ich stehen und betete ein stilles Vaterunser. Dann wurde ich ruhiger.

Stefan Zweig bewohnte ein kleines Schloß inmitten eines herrlichen Parks. Das Haus war für mich immer ein Zauberhaus, ein verschlossenes Paradies und nun sollte ich eingelassen werden, in diesen meinen Wunschtraum. Ich öffnete das Parktor und ging langsam dem Hause zu. Die Uhr des Kapuzinerklosters schlug zweimal, es war also genau halb fünf Uhr.

Ich sah eine kleine Gruppe Menschen unter einem Sonnenschirm sitzen und wollte schon wieder umdrehen, als mich Stefan Zweig erblickte und mit ausgestreckten Armen auf mich zukam und mich überaus herzlich begrüßte. Ich war so verwirrt, daß ich nur einige Worte stammeln konnte.

Wir gingen nebeneinander dem Hause zu und ich hatte Gelegenheit, ihn zu betrachten. Er machte einen vornehmen aber zugleich bescheidenen Eindruck. Er war mittelgroß und hager. Sein Gesicht schmal, der kleine Schnurrbart gepflegt, seine Augen groß, dunkel und ein wenig traurig. Seine Haltung war aufrecht, aber nicht soldatisch.

Er führte mich zu einem großen Gartentisch, an dem einige Menschen saßen. Ich fragte, ob ich vielleicht störe, da er doch Gäste habe; Stefan Zweig erwiderte, daß dies seine Familie sei und stellte mich seiner Frau Friederike und seinen beiden Stieftöchtern Lixl und Susi vor. Die ersten konventionellen Worte wurden gewechselt, doch allmählich wurden die Gespräche herzlicher, ja fast freundschaftlich. Ich wurde gebeten, über meinen bisherigen Lebensweg zu berichten.

Ich erzählte, daß ich schon immer ein Dichter sein wollte, von Kindheit an. Daß ich als Schüler viele Gedichte und kleine Theaterstücke geschrieben habe. Meine Zeit als Student. Der Bankrott des väterlichen Betriebes, die entbehrungsreiche Zeit als Ziegeleiarbeiter, als Glasbläser, der vollkommene wirtschaftliche Zusammenbruch und dann die schreckliche Zeit meiner Arbeitslosigkeit, in denen schließlich der Roman „Vor den Fenstern" entstand. Dieses Werk sollte mein Abgesang sein, ich wollte und konnte nicht mehr leben. Nun war gerade dieses Buch der Anfang eines neuen Lebens für mich geworden.

Stefan Zweig erzählte seiner Familie von meinem Roman, daß es ein Sozialroman sei und das schwere Schicksal der Arbeitslosen darstelle. Es sei ein erschütterndes Bekenntnis dieser Zeit. Stefan Zweig, dieser strenge Kritiker, dieser weltberühmte Mann, war zu mir, dem unbekannten jungen Schriftsteller immer natürlich, herzlich und offen. Ich sagte ihm, daß ich an einem neuen Buch arbeite. Der Titel sei „Der Bienenroman". Stefan Zweig bat mich, das nächste Mal das Manuskript mitzubringen, er wolle es lesen und mir seine ehrliche Meinung über dieses zweite Werk sagen. Wenn ich wiederkäme, würde er mir auch seine Bibliothek, seine Autogrammsammlung und das ganze Haus zeigen.

Schon wenige Tage später bekam ich neuerdings eine Einladung in das Haus Zweig. Er hatte bereits den „Bienenroman" gelesen und sprach sich sehr positiv über das Werk aus. Er fragte mich, warum ich gerade über Bienen geschrieben habe. Ich sagte, daß ich seit frühester Jugend an den Umgang mit Bienen gewohnt sei, und die ununterbrochenen Beobachtungen haben mir das Geheimnis des Bienenlebens entschleiert. Stefan Zweig meinte, daß er von den Bienen nur wisse, daß sie Honig und Wachs produzieren. Während unserer Unterhaltung wurden wir immer wieder durch das Herumfliegen von Hornissen unterbrochen, wir versuchten mit Servietten nach ihnen zu schlagen, aber es kamen immer mehr, sodaß wir in kurzer Zeit den Park verlassen und in das Haus flüchten mußten.

Stefan Zweig sagte, daß diese Hornissenplage sehr unangenehm sei, da man kaum mehr vor dem Haus sitzen könne. Keiner der Hausbewohner sehe die Möglichkeit, Abhilfe zu schaffen, da diese Tiere zu gefährlich seien. Halb lachend, halb verzweifelt fragte mich Stefan Zweig, ob ich ihm nicht helfen könne, ich sei immerhin Bienenzüchter gewesen. Ich erwiderte, daß Bienen zwar anders seien als Hornissen, aber ich werde ihm gerne helfen. Ich würde in den nächsten Tagen das Nest vernichten und ich tat es auch. Es gelang mir ohne Komplikationen und ohne daß ich gestochen wurde.

Nachdem wir unsere unterbrochenen Gespräche in der Veranda wieder fortgesetzt hatten, fragte mich Stefan Zweig, ob ich mir seine Arbeitswelt anschauen wolle. Herzlich bejahte ich. Er zeigte mir seine Bibliothek, sein Arbeitszimmer mit dem Schreibtisch Beethovens. Ich durfte eintauchen in die Welt des Geistes, der Kunst, der Kultur, der Philosophie. Ich sah die Originalmanuskripte von Dostojewski, Gorki, Dickens. Alle berühmten Namen waren versammelt. Der Besitzer war mehr als nur Sammler dieser Kostbarkeiten, er war Gastgeber, ja liebender Freund dieser Persönlichkeiten. Er war der freundschaftliche Kenner ihres Lebens, ihrer Schicksale, ihrer Wege und Ziele, ihrer Kämpfe und Siege, und auch ihrer tragischen Untergänge.

Ich war voller Ehrfurcht und Ergriffenheit. Und die Bibliothek! Welche Schätze barg sie! (Ich konnte nicht ahnen, daß sie für mich schicksalhaft wurde.) Tausende Bücher der Weltliteratur aus vielen Jahrhunderten. Es hätte viele Stunden, ja Tage gebraucht, um alles genau betrachten zu können.

Diese Stunden mit Stefan Zweig und später mit der mütterlichen und gescheiten Frau Friederike waren schön und erlebnisvoll für mich. Ich lernte viel von diesen freundlichen und gütigen Menschen. In dieser Zeit, also Ende der zwanziger und Anfang der dreißiger Jahre, konnte ich jederzeit und unangemeldet das Haus Zweig betreten.

Manchmal saßen wir am Abend in einer Weinstube. Zuweilen mit Frau Friederike und den Stieftöchtern. In unserem Kreis waren auch andere jüngere und ältere Schriftsteller.

An einem dieser fröhlichen Abende lernte ich Franz Theodor Csokor kennen. Stefan Zweig trank gerne ein Glas Wein und aß Bauernbrot und Speck dazu. Wir sprachen kaum über Literatur, aber er erzählte von interessanten Begegnungen, er schilderte zum Beispiel seine Freundschaft mit Maxim Gorki. Stefan Zweig war ein wunderbarer Erzähler. Seine Formulierungen waren geistvoll und rationell. Er hatte Freunde in der ganzen Welt. Berühmte Maler, Dichter, Bildhauer, Komponisten und Staatsmänner. Viele dieser Persönlichkeiten standen mit ihm in regem Briefwechsel und holten sich auch zuweilen Ratschläge.

Freilich hatte er auch Gegner, Neider und Verleumder und er wußte dies auch. Er erzählte mir von den vielen Bittstellern, von Schreibern, die gefördert werden wollten, er sprach von der Sintflut von Manuskripten, die ihm zugeschickt wurden, um von ihm gelesen und an Verlage vermittelt zu werden. Er sprach von den Beleidigten, den Erbosten, den Verkannten und den Untalentierten.

Es war für mich eine große Bereicherung meines Lebens und einflußreich auf meine Entwicklung, daß ich im Hause Zweig so viele berühmte und bedeutende Menschen kennenlernen durfte. Dichter wie Felix Braun und Josef Roth (der später mein Freund wurde).

Einmal nahm mich Stefan Zweig mit nach Henndorf zu Carl Zuckmayer. Es waren viele Gäste da, zu viele, um mehr als ein paar konventionelle Worte sprechen zu können.

Salzburg wurde von Jahr zu Jahr lauter und turbulenter. Alle Welt kam zu den Festspielen. Knapp vor der Saison flüchtete Stefan Zweig immer aus der Stadt und machte Reisen. Im Herbst, wenn es wieder ruhig war, kehrte er zurück. Er suchte die Stille dieser traumhaften schönen Stadt. Der ruhelose, heimatlose war hier seßhaft geworden. Er liebte seine Wahlheimat und wollte auch hier sterben.

Dann kam das Jahr 1933. Die rohe Macht. Verhaftungen, Entlassungen waren in Deutschland an der Tagesordnung. Die ersten Bücher- und Bilderverbrennungen fanden statt, der Rassenwahn, die Judenverfolgung begann.

Der größte Komponist seiner Zeit, Richard Strauss, hatte die Oper „Die schweigsame Frau" beendet. Stefan Zweig hatte das Textbuch geschrieben. Strauss erzwang die Aufführung. Es wurde ein rauschender Erfolg. Es gab begeisterte Kritiken. Das wirkliche geistige Deutschland hoffte, daß die unmenschlichen Gesetze und Verfügungen zurückgeschraubt würden. Es gab Proteste, Brandreden. Und dennoch, der Präsident der Reichsmusikkammer Richard Strauss mußte demissionieren.

Stefan Zweig war über diese Vorzeichen sehr niedergedrückt und traurig. Trotzdem hörte ich nie ein Haßwort von ihm. Er litt unsagbar, denn er liebte Deutschland und seine deutschen Freunde. Stefan Zweigs Haus wurde durchsucht. Es sollte ein Waffenlager bei ihm versteckt sein, für den republikanischen Schutzbund. Natürlich suchte man vergebens, denn Stefan Zweig hatte sich nie politisch betätigt. Er war keiner Partei angehörig, er war immer ein freier Mensch geblieben. Er war kein „engagierter" Schriftsteller, sondern ein gläubiger Friedensstifter.

Wie ich später erfahren sollte, war die Hausdurchsuchung im Hause Zweig ein Racheakt eines abgewiesenen, beleidigten Schriftstellers gewesen. Zweig fuhr daraufhin nach Paris und später nach London. Dort entstand das Buch „Maria Stuart". In diesen Tagen war ich oft bei Stefan Zweig. Er war nicht nervös, nur unendlich traurig und bedrückt. Seine Stimme war leise und ohne Klang. Er sagte, er habe seine Heimat, diese geliebte, herrliche Stadt, dieses schöne Land, das Haus, er habe alles verloren, er werde abreisen, ich solle seiner Familie treu sein, wenn es mir möglich sei. Ich blieb.

Ein Jahr später kam Stefan Zweig zurück, um sein Haus zu verkaufen. Er schenkte mir das neu erschienene Buch „Maria Stuart". Am Abend ging ich mit ihm und seiner Frau Friederike noch einmal durch die stillen vertrauten Gassen der schönen Stadt Salzburg. Stefan Zweig nahm mit Tränen in den Augen Abschied. Ich begleitete das Ehepaar Zweig noch hinauf zu seinem Haus. Stefan Zweig sah mich lange an und bat mich, seine Bibliothek als Abschiedsgeschenk anzunehmen und in seinem Sinne zu pflegen und zu bewahren. Er fragte seine Frau, ob es ihr recht wäre. Frau Friederike bejahte. Ich war so erschüttert, daß ich kein Wort über die Lippen brachte.

Bald ging Stefan Zweig für immer weg, in die Fremde, in die Emigration, in den Tod. Nie werde ich diese Minuten des Abschieds vergessen. Und die Bibliothek? Nur wenige Bücher und Schriften sind mir geblieben. Die Gestapo war auch bei mir!

Als Soldat hörte ich einen ausländischen Sender. Ich war erschüttert. Wieder ein Freund, wieder ein Freund verloren. Ich denke oft an die traurigen Augen Stefan Zweigs.

**Anmerkung**

Georg Rendl hat diesen Aufsatz in seinem letzten Lebensjahr geschrieben, als seine motorischen und intellektuellen Fähigkeiten infolge seines Schlaganfalls schon stark beeinträchtigt waren. Etliche seiner Angaben stimmen mit den Dokumenten in seinem Nachlass nicht überein. Nur ein Beispiel: am 8. März 1929 schreibt er an Richard Billinger: „Heute nachmittag bin ich bei Dr. Zweig eingeladen, soll vorlesen. Ich werde ‚Bienen fliegt hoch …' und zwei Gedichte lesen". Zu diesem Zeitpunkt hatte er den Roman ‚Vor den Fenstern' noch gar nicht begonnen. Seine Darstellung ist daher nicht wörtlich zu nehmen, sondern nur atmosphärisch.

Arnold Nauwerck

# Joseph Roth in Salzburg

Erinnerungen von Georg Rendl

(Salzburger Nachrichten, 26. November 1971)

Joseph Roth kam von Deutschland als Flüchtender, als Hoffnungsloser. Es war für ihn eine Selbstverständlichkeit, in sein von ihm so geliebtes Vaterland Österreich zurückzukehren. Er war Österreicher geblieben, auch wenn er für viele Jahre als Schriftsteller und freischaffender Journalist in Deutschland gelebt und gearbeitet hatte.

Ich begegnete Joseph Roth im Hause von Stefan Zweig. Wir wurden einander von Frau Friederike Zweig vorgestellt. Es gibt eine Begegnung, die sofort mit gegenseitigem Erkennen, Anerkennen beginnt. Eine zaghafte Annäherung zwischen zwei Personen, auch wenn sie verschieden in ihrer Art, in ihrem Charakter sind. So geschah es mit Joseph Roth und mir. Wir unterhielten uns sehr angeregt über Literatur und er fragte mich, ob ich schon eines seiner Bücher gelesen hätte. Ich sagte, daß das Buch „Zipper und sein Vater" mir sehr gut gefallen habe. „Verschollen" sagte Joseph Roth wehmütig. „Ich glaube, ich habe vierzehn oder mehr Romane geschrieben, aber alle ohne Erfolg. Das Publikum war uninteressiert, weder für noch gegen meine Bücher, meinte Joseph Roth resigniert. Nur mein Verleger und Freund, Kurt Wolff, war begeistert".

Ich meinte so nebenbei, daß Leo Reifenberg bestimmt stolz gewesen sei über die Widmung im „Zipper". Joseph Roth fragte, ob ich denn Leo Reifenberg kenne. „Nein", sagte ich, „aber für mich ist er ein Begriff". Ich wußte, daß er der Gründer und Herausgeber der „Frankfurter Zeitung" war und bis zum letzten Augenblick, also bis zum Verbot seiner Zeitung mutig seine Anschauungen und Standpunkte vertreten hatte. „Er war immer mein Vorbild und mein Meister", sagte Joseph Roth glühend.

Es wurde ein noch [ein] anregender, interessanter Abend. Joseph Roth war nicht allein von Deutschland gekommen. Eine junge, kaum bekannte Schriftstellerin war seine freundschaftliche Begleiterin. Sie sorgte sich rührend um den älteren Freund, der manchmal etwas weltfremd und verbraucht wirkte. Sie war liebenswürdig und freundlich, war klug und ernst und ohne jede weibliche Koketterie der Pose.

Die Gastgeberin, Frau Friederike Zweig-Winternitz und Joseph Roth waren schon seit vielen Jahren eng befreundet. Stefan Zweig war in dieser Zeit gerade in London. Er hatte einige Monate vorher sein kleines Schloß am Kapuzinerberg verkauft und für seine zurückbleibende Gattin und seine beiden Stieftöchter ein Haus in Nonntal gemietet. Joseph Roth kannte das frühere Heim Stefan Zweigs, seine herrlichen Sammlungen, seine Bibliothek, alle von ihm so liebevoll zusammengetragenen Schätze. Aber Joseph Roth sprach nur einmal über diese Vergangenheit und zwar mit folgenden Worten: „Stefan ist finanziell reich, aber er ist ein Bettler, denn er hat sein Haus, seine Heimat, seine wirkliche Heimstatt verloren. Er hat Heimweh, sein Herz ist zerbrochen. Kennen Sie das schöne deutsche Wort ‚Herzeleid'"?

Wir sprachen dann noch über seinen Roman „Hiob" und vorallem über das wohl österreichischste aller seiner Bücher, über den „Radetzkymarsch". Dieses schildert in reifster Meisterschaft das Blühen und Vergehen jener Form Österreichs, die in Kaiser Franz Josef I. ihren reinsten und wohl auch letzten Ausdruck gefunden hatte, das Verwelken und Vergehen einer der glänzendsten Monarchien der Welt.

Der Dichter Joseph Roth schrieb diesen Roman glühenden Herzens und melancholischen Geistes. Ich beglückwünschte ihn zu diesem Werk und sagte, daß er sehr stolz auf diesen großen Erfolg sein könne. „Stolz, Erfolg", sagte er traurig, „mein ganzes Leben war voll von Arbeit und Mißerfolgen. Es waren Jahre größter Enttäuschungen und größter innerer Not. Als ich endlich bekannt, berühmt wurde, als meine Frau und ich endlich aufatmen durften, uns freuen und glücklich sein konnten, wurde meine Frau krank". Und er schilderte in ergreifender Weise die politischen und gesellschaftlichen Zustände Deutschlands in dieser Zeit. Die Beschimpfungen, Beleidigungen, Demütigungen, denen ein „Nichtarier" ausgesetzt war. Seine Frau, die sehr sensibel und ängstlich war, wurde schließlich irrsinnig und starb bald darauf in geistiger Umnachtung. „Ich erzähle Ihnen das nur", sagte Joseph Roth, „damit Sie verstehen, was einem Menschen zugemessen werden kann, ohne daß er zerbricht. Ich lebe noch, leider", sagte er traurig.

Unauffällig betrachtete ich Joseph Roth, wie er mir gegenüber saß. Er war mittelgroß, hatte klar blickende blaue Augen, rötlichblondes Haar und einen feinlippigen Mund, den ein kleiner Schnurrbart zierte, den er, wenn er erzählte oder redete, ständig zupfte und zwirbelte. Seine Hände waren schmal, ein wenig nervös, aber beherrscht. Er sprach ein völlig dialektfreies Deutsch, nur wenn er übermütig und ausgelassen war, redete er einige Passagen im jüdischen Jargon. Manchmal erzählte er auch sehr humorvolle, geistreiche, jüdische Anekdoten.

Joseph Roth war ein ausgesprochener Nachtmensch. Die paar Monate, die er in Salzburg lebte, trafen wir uns jeden Abend. Unser Kreis war klein. Friederike Zweig, ihre beiden Töchter, Joseph Roth und ich.

Roths tägliche Reise begann zwischen 5 und 6 Uhr nachmittags in einem einfachen Gasthaus im Kaiviertel oder in Mülln. Später ging er in ein Wein- und später auch noch in ein Cafehaus. Joseph Roth aß sehr wenig, trank aber umso mehr. Ich wunderte mich oft, wie er das durchstehen konnte. Er mochte kleine Gläser nicht; die Ober, die ihn bald kannten, wußten dies und brachten ihm den Slibowitz gleich in Wassergläsern. Erstaunlicherweise wurde er nie betrunken. Seine Sprache war beherrscht und sein Gang trotz erheblichen Alkoholkonsums nie torkelnd.

Joseph Roth wohnte während seines viermonatigen Aufenthaltes im Hotel Stein. Eines Tages hatten wir für zehn Uhr vormittags eine Verabredung. Wir wollten einen Ausflug in die nähere Umgebung Salzburgs machen. Ich klopfte an die Türe. „Bitte herein", schnarrte Roths Stimme. Er saß am Bettrand mit einer Schnapsflasche und einem Stück Brot in der Hand. Er entschuldigte sich, daß er verschlafen hätte, „aber ich bin gleich fertig, wie Sie sehen habe ich mein Frühstück auch schon beendet", meinte er lächelnd. Ich wollte ihn überreden, den Ausflug zu verschieben, aber Roth meinte dazu: „Mein lieber Freund, ich war österreichischer Offizier, was ich verspreche, das halte ich, und was ich sage, das stimmt!" Ohne Vorwurf, ganz vorsichtig fragte ich ihn, ob es für seine Gesundheit nicht abträglich sei, wenn er schon am Morgen beginne Schnaps zu trinken. Er antwortete: „Vieles im Leben ist abträglich, ungesund, gefährlich. Ein Kranker, der körperliche Schmerzen hat, bekommt und nimmt Opium und fühlt sich dann erleichtert. Ich bin zwar gesund, aber meine Seele ist verwundet, ist krank, ich muß trinken, das schafft mir Erleichterung. Die Klarheit meines Geistes und die Schärfe meines Sehens kann ich sonst nicht ertragen. Ich kenne die Vergangenheit, erlebe die Gegenwart und erahne die Zukunft. Ich muß trinken! Verstehen Sie das?" Ich verstand ihn. Einige Jahre später las ich sein Buch „Die Legende vom hl. Trinker" und erkannte in dieser Romanfigur Joseph Roth. Ich war erschüttert und ergriffen von diesem Werk.

Bei unseren gelegentlichen Spaziergängen erzählte mir Roth von seiner galizischen Heimat, seiner Vaterstadt Brody, die eine freie Handelsstadt an der österreichisch-russischen Grenze war. Die Spannungen zwischen Österreich und Rußland ließen diese ehemals so reiche und lebendige Handelsstadt verarmen.

Joseph Roth erzählte mir, daß er ein fleißiger Schüler und Student gewesen sei, der sich schon immer sehr für Literatur, Philosophie und Geschichte interessiert habe. Schon damals fing er an Gedichte und Erzählungen zu schreiben. Er sprach perfekt Polnisch, Russisch, Französisch und Deutsch. Er konnte wählen in welcher dieser 4 Sprachen er schreiben oder sprechen wollte. Beim Ausbruch des Weltkrieges 1914 meldete er sich als Freiwilliger und wurde später Leutnant. Er erzählte mir lachend, daß der Krieg für ihn um zwei Wochen länger gedauert habe, weil er mit seiner Einheit im Raume Wolhynien von seiner Kompanie abgesprengt wurde, ohne zu wissen, daß bereits Waffenstillstand war. Er setzte die Kampfhandlungen fort, bis ein russischer Parlamentär, der mit weißer Fahne zu ihm kam, ihn von der Rechtswidrigkeit seines Verhaltens in Kenntnis setzte. „Und das muß mir passieren, mir, dem unsoldatischsten und unkriegerischsten Menschen, den Sie sich denken können!"

Joseph Roth trug immer im Knopfloch ein mir unbekanntes Emblem mit einer kleinen Krone. Darüber befragt, meinte er, daß er ein konsequenter Monarchist sei. „Die Kaiser waren die Hüter der Gesetze, der Gerechtigkeit. Wir durften leben, arbeiten, wir durften atmen, wir waren gleichberechtigte Bürger; wer fleißig war, konnte die höchsten Stellen und Ämter erreichen. Ich habe dem alten Kaiser als Soldat gedient, und bin auch dem letzten, jungen, tragischen Kaiser treu geblieben".

In dieser Zeit, als Joseph Roth in Salzburg wohnte, war Österreich zerwühlt, zerrissen von Arbeitslosigkeit, Aussperrungen, Konkursen, von Hunger und Verzweiflung. Druck von außen, Druck von innen. Ein Teil der Bevölkerung war gegen die nervöse und hilflose Regierung, der andere Teil glaubte an ein selbständiges Fortbestehen unseres Vaterlandes. Ein Teil der Österreicher schrie „Großdeutschland", der andere Teil schrie „Es lebe Österreich!". Es gab Fanatiker, Idealisten, es gab Spekulanten, Opportunisten, Wartende und Ängstliche. Aber es gab auch Verräter und Verleumder.

Joseph Roth war ein glühender Patriot. Für sich wollte er keine Kompromisse gelten lassen. Er war der unverrückbaren Überzeugung, daß das österreichische Volk eines der letzten Bollwerke abendländischer Kultur im deutschsprachigen Raum Europas sei.

Salzburg war ein Spiegel von Österreich. Aber dieser Spiegel war schärfer, klarer; die Grenze war vor der Stadt. Wir spürten die brodelnden Spannungen, wir, auch unser kleiner Kreis, und hofften und glaubten wie Tausende andere Bürger an Österreich.

Einmal saßen wir am Abend im Café Corso. Wie sprachen über diese, unsere Zeit. Joseph Roth ereiferte sich sehr und sagte laut: „Man müßte den Österreichern in die Ohren schreien, daß ihnen alles, ja alles gelingt, gelingen muß, solange sie ihrem Wesen treu bleiben, aber sich ihr eigenes Grab schaufeln, wenn sie sich etwas aufreden, aufdrängen lassen, was ihnen fremd ist."

Gut erinnere ich mich jenes Abends, an dem, Joseph Roth, Frau Zweig und ich von Mülln längs der Salzach zur Stadt wandernd, das Unerwartete geschah, daß er uns plötzlich zurückhielt und in großer Erregung sagte: „Alles ist umsonst, glaubt es mir, ich habe soeben die Häuser hier, ja die ganze Stadt mit Hakenkreuzfahnen beflaggt gesehen!" Friederike Zweig protestierte und meinte, er habe wohl ein wenig zuviel getrunken. „Nein nein" sagte er, „ich habe die Fahnen ja nicht hingezaubert, sie waren einfach da, für mich wenigstens. Mein Visionsbild war so stark, so deutlich, daß es darüber keinen Zweifel gibt. Ich glaube, ich muß bald abreisen." Er litt unter dem Bewußtsein, daß er gezwungen war, sein Leben in Sicherheit zu bringen, um seine und die Idee so vieler anderer Getreuer zu retten. Er suchte die Betäubung, er floh in einen Dämmerzustand und trank und trank. Als Joseph Roth in diesem Zustand von einem jungen Mann in verletzender und gemeiner Weise angepöbelt wurde, und ich, wie es selbstverständlich war, ihn, den Freund zu schützen suchte, ergriff er mit seiner zittrigen, unsicheren Hand meinen Arm und sagte: „Lassen Sie ihn nur, er kann nicht anders", und zu dem jungen Mann sprach er: „Wissen Sie, daß ich Mitleid mit Ihnen habe? Sie müssen Ihren Weg zu Ende gehen, und sie werden sehr viele Menschen töten und viel unschuldiges Blut vergießen müssen. Einmal hat mein Volk Christus ans Kreuz geschlagen, diesmal ist es das Ihre. Aber ob Sie die Kraft haben werden, dieses Verhängnis zu tragen?" Joseph Roth war wie nach einer ungeheuren Anstrengung völlig erschöpft. Ich habe noch heute das Weggehen dieses jungen Mannes vor Augen. Er war bleich und anscheinend in seinem Innersten getroffen.

Die letzten Tage, die letzten Abende waren ein einziger Abschied. Seine letzten Worte zu mir waren: „Ich habe mich getäuscht, auch hier konnte ich keine Zuflucht finden. Aber wo? Wo und wann wird mein Weg enden?"

Joseph Roth war ein großer Mensch – ein überragender Dichter, er war mehr als ein „Heiliger Trinker".

Er starb in Paris im Jahre 1939.

**Anmerkung**

Für seinen Lebensroman „Der Bettler" hatte Georg Rendl ein Kapitel „Begegnungen mit Dichtern" geplant. Vorgesehen waren Stefan Zweig, Joseph Roth und Jakob Haringer. Über alle drei hatte er Anfang der fünfziger Jahre auch kurze Radio-Essays verfasst. Erhalten ist nur dasjenige über Zweig. Persönliche Erinnerungen kommen darin nicht vor. Erhalten ist aber das Typoskript, das dem Artikel über Roth in den Salzburger Nachrichten zugrunde liegt. Wenn nicht gar mit dem verschollenen Essay identisch, ist es jedenfalls deutlich früher verfasst als der Zeitungsartikel über Zweig. – Roths Aufenthalt in Salzburg fiel in die ersten Monate des Jahres 1937. Georg und Bertha Rendl wohnten damals wieder für längere Zeit in Leopoldskron. Auffällig ist, dass Rendl seine Ehefrau aus den geschilderten Treffen völlig ausblendet. Sie war mit Frau Zweig so gut befreundet wie er, und es ist ganz unwahrscheinlich, dass sie bei diesen Treffen nie dabei gewesen sein sollte. – Dem Kenner Rendlscher Schriften fällt auch eine gewisse Identifikation Rendls mit Roth auf, dem er manches in den Mund legt, oder zuschreibt, was er oft über sich selber sagte. Im Mai 1937 empfiehlt Roth Rendl an seine Wiener Manuskriptenvermittlung. Anscheinend im Auftrage Roths erhält Rendl in den folgenden Monaten von dort Zuwendungen aus Roths Tantiemen. Rendl fragt mehrfach nach solchem Geld oder urgiert es. Im November 1937 schreibt er an die Vermittlung „Ich bin durchaus darauf angewiesen, daß mir Roth Geld zukommen läßt", und als der Geldfluss 1938 stockt, erkundigt er sich im Dezember nach Roths Adresse. Offenbar handelt es sich nicht um die Begleichung einer Schuld, sondern um einen Akt der Großzügigkeit Roths gegenüber dem ständig klammen Dichterkollegen Rendl.

Arnold Nauwerck

## Autorenverzeichnis

**Wolfgang Bauer**
Jg. 1946, Mitglied der Georg-Rendl-Gesellschaft.

**Erich Marx**
Dr., Jg. 1947, Direktor des Salzburger Museums Carolino Augusteum.

**Arnold Nauwerck**
Prof. Dr., Jg. 1931, Mitglied der Georg-Rendl-Gesellschaft.

**Hiltrud Oman**
Dr., freie Kuratorin (u.a. in der Georg-Rendl-Gesellschaft), Kustos im Museum Sigl-Haus St. Georgen, Lehrbeauftragte für zeitgenössische Kunst an der Universität Mozarteum in Salzburg.

**Karl Heinz Ritschel**
Prof. Dr., Jg. 1930, Präsident des Salzburger Museumsvereins, 1964–1995 Chefredakteur der Salzburger Nachrichten. Schriftsteller und Autor zahlreicher Bücher. Mitglied des PEN Clubs. Präsident des Salzburger Museumsvereins. Enge Freundschaft mit Georg Rendl in dessen letztem Lebensjahrzehnt.

**Nikolaus Schaffer**
Dr., Jg. 1951, Kustos am Salzburger Museum Carolino Augusteum.

**Josef A. Standl**
Prof., Jg. 1945, Präsident der Georg-Rendl-Gesellschaft.

**Abbildungsnachweis**

Fritz Miho Salus: S. 16, 17, 18
Anny Madner (Stadtarchiv Salzburg): S. 22, 186 oben
Anny Madner (Nachlass Georg Rendl): S. 23
Nachlass Georg Rendl: Frontispiz, S. 28, 39 unten, 40, 59, 164, 175, 183 unten, 185
Privatbesitz: S. 33 unten, 165 oben u. unten
Leopold Haidrich: S. 36, 37
Eduard Rendl: S. 171, 173, 179, 182, 184, 187
Laszlo Vuray (Archiv Prof. Dr. Karl Heinz Ritschel): S. 56, 57, 58, 59, 183 oben, 186 unten, 188 oben, Mitte, unten
SMCA / Rupert Poschacher: S. 26, 27, 30–35, 38, 39 oben, 206

**Personenregister**

Becker, Paul: 18
Billinger, Richard: 12, 44, 170, 171, 223, 227
Birkle, Albert: 14, 26, 38, 39, 43, 47, 56
Bösmüller, Direktor: 50
Braun, Felix: 226
Bülow, Franz: 50

Corti, Egon Graf: 172
Csokor, Theodor: 225
Czank, Elsa: 14, 47, 48

Devich, Jakob: 178, 179
Dürrenmatt, Friedrich: 55

Eberherr, Ferdinand: 17
Egger, Jean: 25

Faistauer, Anton: 28, 29
Faulhaber, Michael von, Erzbischof von München: 168
Franz Joseph I., Ks. von Österreich: 230
Frey, Familie von: 171
Funke, Bertha: s. Rendl, Bertha

Gayda, ?: 184
Gerstl, Richard: 25
Goebbels, Josef: 175
Goethe, Johann Wolfgang: 55
Gogh, Vincent van: 35, 51
Grasmayr, Alois: 12, 43, 170, 171
Grass, Günther: 55

Hanifle, Rudolf: 17
Haringer, Jakob: 233

Hesse, Hermann: 55
Hilpert, Heinz: 175
Hoffmann und Schaffler, Verleger: 16
Holböck, Ferdinand: 18

Illichmann, Ehepaar: 17
Innitzer, Theodor, Kardinal: 169

Kammerlander, Max: 48
Kaufmann, Wilhelm: 11, 14, 41, 165
Kaut, Josef: 11, 17, 24, 27, 42, 43, 165, 182, 185
Kiegl, J.R.: 43
Kippenberg, Katarina: 171, 172
Koch, Fritz: 48
Kolar, Franz: 11
Krauß, Werner: 175
Kubin, Alfred: 55
Kupelwieser, Familie: 171

Lechner, Hans: 185
Lenau, Nikolaus: 165
Löser, Franz: 174

Mahringer, Anton: 35
Malewitsch, Kasimir: 32
Miller, Hannes: 56
Mondrian, Piet: 32
Moritz, Robert: 45

Peinkofer, Max: 45
Pfeiffer, Jordan: 166, 196
Pfeiffer, Lore: 169
Pfeiffer, Maria (Maridel): 166, 169, 195–205
Pflanzl, Heinrich: 11, 165

Poliakoff, Serge: 34
Prähauser, Bernhard: 17

Rauch, Albert: 48, 50
Reifenberg, Leo: 229
Reiffenstein, Paul: 43
Rems, Josef: 186
Rendl, Antonia (Schwester): 11, 170, 172
Rendl, Bernhard Georg: s. Skarek, Bernhard Georg
Rendl, Bertha: 12, 13, 14, 44, 45, 46, 47, 48, 49, 51, 55, 164, 170, 171, 173, 174, 177, 185, 186, 233
Rendl, Eduard (Neffe): 11, 170
Rendl, Georg Paul (Vater): 11, 12, 163, 165, 166, 167, 168, 169, 170, 172, 173, 183, 184
Rendl, Hans Georg: s. Schweiger, Hans Georg
Rendl, Hans: 11, 84
Rendl, Ludwig (Bruder): 11, 173
Rendl, Wolfgang (Neffe): 11, 170
Rieder, Ignaz, Erzbischof von Salzburg: 168
Roth, Joseph: 18, 226, 229–233

Schenk, Erich: 11, 17, 165
Schmidt, Mariechen: 167, 168
Schmied, Fritz: 50
Schulz, Josef: 12, 14, 17, 29, 30, 31, 32, 33, 38, 43, 44, 50, 56, 170
Schweiger, Anton: 186
Schweiger, Hans Georg (Sohn): 51, 186
Schweiger, Kathi: 51, 180, 186
Skarek, Bernhard Georg (Sohn): 186
Skarek, Helmi: 186
Skarek, Wilhelm: 186
Sompek, Ernst: 187
Spindler, Mara: 42

Stemeseder, Leonhard: 59
Stifter, Adalbert: 50, 55
Strauss, Richard: 226
Strindberg, August: 43
Swarowski, Familie: 185

Tomaselli, Richard: 11, 165
Trager, Alois: 179
Trakl, Georg: 69, 153

Uhlenbusch, Hugo Paul: 175

Waagner von Waagström, Angelus Eduard: 11, 167, 170
Waagner von Waagström, Antonia: s. Rendl, Antonia
Waggerl, Karl Heinrich: 55, 177
Weißkind, Sepp: 185
Windischbauer, Karl: 177
Winter, Griseldis: 16, 18, 188, 211
Winternitz, Friderike von: s. Zweig-Winternitz, Friderike
Wolff, Kurt: 229
Wörlen, Egon: 47
Wörlen, Georg Philipp: 14, 43, 44, 45, 46, 47
Wörlen, Grete: 45, 46
Wydininsky, Eugen: 42, 43

Zuckmayer, Carl: 226
Zulehner, Heribert: 41
Zweig, Lixl: 224, 225, 229, 230
Zweig, Stefan: 12, 18, 45, 170, 175, 223–227, 229, 230, 233
Zweig, Susi: 224, 225, 229, 230
Zweig-Winternitz, Friderike: 12, 170, 224, 225, 226, 229, 230, 232, 233

**Monografische Reihe zur Salzburger Kunst**

Band 1    Albin Rohrmoser: Albert Birkle (1900–1986), 1980 – vergriffen
Band 2    Albin Rohrmoser: Georg Jung (1899–1957), 1982
Band 3    Albin Rohrmoser und Karl Heinz Ritschel: Josef Schulz (1893–1973), 1986
Band 4    Nikolaus Schaffer: Anton Machek (1886–1944), 1986
Band 5    Nikolaus Schaffer: Alexander von Mörk (1887–1914), 1987
Band 6    Albin Rohrmoser: Anton Faistauer (1887–1930), 1987 – vergriffen
Band 7    Nikolaus Schaffer und Michael Martischnig: Dagobert Peche (1887–1923), 1987
Band 8    Nikolaus Schaffer und Gerhard Schneider: Valentin Nagel (1891–1942), 1988 – vergriffen
Band 9    Elfriede Kapeller: Die spätgotische Kirchentür in Irrsdorf. porta ecclesiae – porta paradisi. Kirchenportal und Paradiesespforte, 1999
Band 10   Nikolaus Schaffer: Wilhelm Schnabl (1904–1990), 1988
Band 11   Nikolaus Schaffer: Johann Fischbach (1797–1871), 1989
Band 12   Karl Heinz Ritschel: Theodor Kern (1900–1969), 1990 – vergriffen
Band 13   Barbara Wally (Hrsg.): Künstlerinnen in Salzburg, 1991 – vergriffen
Band 14   Nikolaus Schaffer: Hans Nowack (1866–1918), 1992 – vergriffen
Band 15   Nikolaus Schaffer: Sepp Hödlmoser (1923–1967), 1992
Band 16   Nikolaus Schaffer: Max Peiffer Watenphul (1896–1976), 1993 – vergriffen
Band 17   Nikolaus Schaffer: Franz Schrempf (1870–1953), 1996
Band 18   Wolfram Morath (Hrsg.): Wilhelm Traunwieser. Landschaft im Licht, 1998
Band 19   Nikolaus Schaffer: Theodor Ethofer. Künstler · Kavalier · Kosmopolit, 1999
Band 20   Nikolaus Schaffer: Albert Birkle, 2001
Band 21   Nikolaus Schaffer: Helene von Taussig. Die geretteten Bilder, 2002
Band 22   Nikolaus Schaffer: Irma Rafaela Toledo (1910–2002). Der Zyklus „Genesis", 2002
Band 23   Georg Rendl (1903–1972). Dichter und Maler. Zum 100. Geburtstag, 2003
Band 24   Josef Zenzmaier. Zum 70. Geburtstag, 2003